本书受

西安财经大学、陕西省社科基金项目（2015D002）

国家自然科学基金项目（41401639）

联合资助

生态文明视角下的城市旅游发展研究：
理论与应用

杨延风 著

中国财经出版传媒集团

经济科学出版社

Economic Science Press

图书在版编目（CIP）数据

生态文明视角下的城市旅游发展研究：理论与应用/
杨延风著．—北京：经济科学出版社，2019．9
ISBN 978 - 7 - 5218 - 0793 - 6

Ⅰ．①生…　Ⅱ．①杨…　Ⅲ．①城市旅游 - 旅游业
发展 - 研究 - 中国　Ⅳ．①F592.3

中国版本图书馆 CIP 数据核字（2019）第 183257 号

责任编辑：周国强
责任校对：杨　海
责任印制：邱　天

生态文明视角下的城市旅游发展研究：理论与应用

杨延风　著

经济科学出版社出版、发行　新华书店经销
社址：北京市海淀区阜成路甲 28 号　邮编：100142
总编部电话：010 - 88191217　发行部电话：010 - 88191522
网址：www. esp. com. cn
电子邮件：esp@ esp. com. cn
天猫网店：经济科学出版社旗舰店
网址：http://jjkxcbs. tmall. com
固安华明印业有限公司印装
710×1000　16 开　12.5 印张　220000 字
2019 年 9 月第 1 版　2019 年 9 月第 1 次印刷
ISBN 978 - 7 - 5218 - 0793 - 6　定价：62.00 元
（图书出现印装问题，本社负责调换。电话：010 - 88191510）
（版权所有　侵权必究　打击盗版　举报热线：010 - 88191661
QQ：2242791300　营销中心电话：010 - 88191537
电子邮箱：dbts@ esp. com. cn）

前　　言

　　旅游，作为当前推动城市化进程的新动力，在助力经济转型、社会变迁以及文化重构等方面发挥了巨大的作用。城市旅游作为城市经济发展的新引擎，在城市经济发展中占据越来越重要的地位。然而，城市旅游根植于城市复合巨系统，不仅肩负着引领和助推城市经济高速发展的使命；同时，也承担着保护环境，融洽人与自然、人与社会、人与人关系的责任。随着城市资源竞争加剧，约束趋紧，生态系统承载压力变大，城市旅游产业发展面临诸多挑战。因此，如何实现和保证城市旅游可持续发展是摆在人们面前迫切需要解决的现实性问题。通过梳理和分析现有城市旅游发展研究文献发现，现有研究存在视角单一、理论体系不完备、对城市旅游发展实践指导性不强等问题，亟须从城市发展全局出发，以全新的视角，系统全面、体系化研究城市旅游可持续发展问题。

　　生态文明是人类文明发展的一个新阶段，是人类遵循人、自然、社会和谐发展这一客观规律而取得的物质和精神成果的总和。是以人与自然、人与人、人与社会和谐共生、良性循环、全面发展、持续繁荣为基本宗旨的文化伦理形态。生态文明作为一种可持续发展理念，是我党在长期社会主义实践中取得的宝贵经验，是生态哲学、生态伦理学、生态经济学和生态现代化理论等生态思想的升华与发展，是人类文化发展的重要成果。将生态文明思想、理念和方法贯彻到解决城市旅游发展问题的具体实践中，是研究城市旅游可持续发展问题的全新视角，是研究解决城市旅游可持续发展面临困境的有效途径。

　　本书从对现代旅游研究视角变化和发展脉络分析入手，对城市旅游发展特殊性、研究热点和现有研究存在问题进行了梳理和总结，针对城市旅游发展研究存在的问题，提出用生态文明的全新视角对其进行系统、全面和科学的分析，并以西安市为例进行了实证研究，为城市旅游发展理论研究和实践探索提供了借鉴参考，主要有以下成果和贡献。

1. 构建了以城市旅游系统为主体、城市复合巨系统为依托、旅游发展效率为支撑，能够全面反映城市旅游发展影响因素和相互关系的城市旅游研究理论模型。城市旅游作为一种与城市经济、社会、文化和环境有着多元互动关系的特殊旅游类型，不仅其自身涉及面广、组成要素多元、影响因素众多，同时，其与城市复合生态系统之间存在着千丝万缕的联系，要对其进行分析和研究，就必须进行理论抽象，抓住主要矛盾，构建科学理论研究模型。本书按照生态文明内部稳定高效、生态效益优化、内外协调一致的理念，通过理论抽象和逻辑推演，构建了系统、完备的理论研究模型。模型按照系统论思想，从多角度、多层次对城市旅游研究方方面面的影响和联系进行了归纳和理论抽象。该模型主要包括城市旅游系统、城市旅游生态效率和城市旅游与城市复合生态系统关系三个部分。城市旅游系统部分以旅游主体、客体、媒介、载体和城市居民为主要元素，反映了城市旅游内部要素关系，其作为主要研究对象是模型的主体；城市旅游生态效率部分按照旅游生命周期构建，体现了城市旅游发展生态效率优先的原则，是研究可持续发展的主要支撑；城市旅游与城市复合生态系统关系体现了城市旅游与城市复合生态系统的多元化联系和作用方式，是城市旅游发展研究的重要依托，这三个部分三位一体，全面反映了影响城市旅游可持续发展的各方面因素和相互关系，为城市旅游深入研究奠定了基础。

2. 构建分析指标体系、确定分析方法、确立评价标准，建立了完备的城市旅游发展状况评价分析理论体系。基于理论研究模型，本书从城市旅游内部发展状态、旅游生态效率和旅游与经济、环境协调性等三个维度，对城市旅游发展状况分析的理论和方法进行了系统研究，主要有以下成果：（1）在城市旅游系统内部状态分析中，构建了由 5 个一级指标、15 个二级指标、40 个三级指标构成的城市旅游系统内部状态分析 SOMCL 指标体系；建立了基于 AHP 层次分析法的综合属性判断分析模型；确定了对应分析标准，为全面分析城市旅游系统内部稳定性提供了理论工具。（2）在城市旅游生态效率分析中，依据旅游生命周期，通过对旅游碳足迹边界的重新界定，构建了旅游餐饮、住宿、交通、旅游活动的碳足迹模型和城市旅游生态效率测算模型，确立了分析标准，为城市旅游生态效率研究提供了技术支撑。（3）在城市旅游与经济、环境的协调性分析中，构建了由3个一级指标、9个二级指标、28个三级指标构成的城市经济—生态环境—旅游产业耦合协调分析指标体系和耦合协调度分析模型，摒弃了传统的加权求和计算系统评价指数，采用基于熵权与复合相关系数组合权重的TOPSIS模型的方法。

3. 利用以上理论研究成果，以西安市为例，对其旅游发展状况进行了全面地、系统地分析，找到了影响其可持续发展的关键因素，为发展策略制定提供了科学依据。通过对西安市的实例分析，主要结论如下：（1）通过对西安市旅游系统发展状况分析，得出其整体状态处于亚健康水平。其中，城市旅游媒介处于不健康状态，是其发展的主要"短板"，而旅游市场规模、效益水平是影响旅游媒介评价结果的主要因素。（2）通过对西安市旅游生态效率分析，2016年西安市旅游总体生态效率值为0.195kgCO_{2-e}／¥，处于亚健康状态，部门间生态效率的优劣排序为：旅游活动＞旅游餐饮＞旅游交通＞旅游住宿。其中，交通与住宿部门足迹分别占足迹总量的83.97%、11.41%，是旅游行业节能减排的关键。（3）通过对西安市旅游业与经济、环境系统耦合性分析发现，2007～2016年十年间耦合度呈现出新一轮"S"形曲线波动上升的趋势，2011年成为10年间耦合度变化的拐点。其耦合协调关系则由勉强耦合协调逐步进化到良好耦合协调状态，协调度动态曲线上升持续、稳定。但影响系统耦合协调的关键因素则发生了较大变化，目前城市经济与生态环境交替或同步滞后已经取代了长期以来的旅游产业滞后。虽然旅游产业发展出现了超越生态环境阈值的情况，但整体耦合协调性仍然呈现优化态势，在一定程度上反映了西安市旅游产业与经济、环境耦合协调具有一定自组织性，有着朝向良性耦合发展的特征。

4. 根据综合分析的结果，提出了促进西安市旅游良性可持续发展的策略建议。针对分析得出西安市旅游发展在旅游市场规模偏小、旅游效益水平偏低、旅游产品类型与结构欠缺合理、生态环境治理效果有限、旅游交通与住宿碳足迹过高等主要"短板"问题，详细分析了产生这些问题的内在原因和影响机理，具有针对性地提出了树立生态开发理念，推进旅游生态建设；面向市场需求，丰富旅游产品类型；优化交通结构，提高旅游交通生态效率；刺激城市旅游消费结构升级，延长游客停留时间；提升城市经济活跃度，壮大旅游市场规模等五个方面的策略建议，为西安市旅游可持续发展提供了可操作性强的方法措施。

目　　录

第1章

绪 论

1.1 研究背景

1.1.1 城市旅游的兴起

旅游产业作为以旅游资源为依托、以旅游设施为基础、以旅游产品和服务为主体，为旅游者提供游览、观光、身心放松服务的产业，它的兴起与发展是人们需求层次的演变以及旅游发展综合效能凸显的结果。城市作为社会人口聚集区、经济发展集中区、政治文化核心区，其旅游发展潜力一直为人们所关注。然而，在工业化发展的相当长一段时间，由于城市经济发展主要依靠资源掠夺为特征的粗放型发展模式，使得城市环境、生活方式与旅游发展初衷产生了激烈的矛盾和冲突。人们渴望在旅游中享受天蓝、景美、水清、气净、声轻的大自然，借此暂时摆脱工作、生活的紧张、压力与情绪的焦躁、压抑。而这种需求在城市中难以满足，那时的城市仅仅是客源地，而非旅游目的地。随着后工业化和信息化时代的到来，人类在城市发展理念上越来越突出生态化、可持续发展，使得城市生态环境得到巨大改善，同时，由于城市拥有便利的交通、丰富的餐饮、住宿和购物、娱乐等配套服务资源，城市资源的旅游价值得到人们的重视。

美国学者斯坦斯菲尔德（Stansfield，1964）在其著作《美国旅游研究中的城乡不平衡》中最早确立城市旅游的地位和城市旅游业在旅游产业中的重要性[1]。他指出城市旅游研究应成为旅游业研究中不可忽视的一个重要组成部分。自此以后，随着现代城市发展理念的不断深化和落实见效，城市旅游逐渐兴起、发展和不断壮大。可以说现代城市旅游的兴起与繁荣是工业化演进、城镇化进程、城市功能改变与旅游产业发展共同作用的结果。

鉴于旅游产业巨大的经济、社会效益，目前我国已有超过 30 个省、自治区及直辖市将旅游产业作为地方优先发展的支柱产业。"市长经营城市、旅游局局长推销城市"是目前国内城市发展的典型范式。2017 年全国旅游业对 GDP 综合贡献 9.13 万亿元，对 GDP 的贡献值达 11.04%。其中，北京、上海、广州、天津、重庆、杭州、成都等 7 个城市旅游总收入均超过 3000 亿元大关，较之上一年平均增幅保持在 14.8% 以上。旅游消费对住宿业的贡献率超过 90%，对民航和铁路客运业的贡献率超过 80%，对文化娱乐业的贡献率超过 60%，对餐饮业和商品的贡献率超过 40%[2]。我国城市旅游已经进入竞争性增长阶段[3]。显然，旅游产业不仅不是边缘产业，而且是能够撬动城市转型的支点产业和支柱产业。

据国家统计局的数据显示，2017 年末，我国城镇常住人口 81347 万人，城镇化率为 58.52%，建制城市 657 座，我国已经进入到以城市型社会为主体的新的城市时代。2013 年，我国第三产业增加值首次超越第二产业，成为新型城镇化的主要动力[4]。作为第三产业重要组成部分的旅游产业以其强大的促进区域经济增长、提升国民幸福指数、传承历史文化等功能推动着泛旅游产业形成产业集聚，伴随服务性配套设施的完善与产业联动，最终促成了旅游引导新型城镇化类型的孵化[5]。

1995 年，国家旅游局将旅游工作与城市工作结合起来，提出了"优秀旅游城市"的评价体系，评选工作于 1998 年开始展开。截至 2015 年底，全国共有 370 座城市被命名为中国优秀旅游城市，占全国城市总数（657 个）的 56.3%。这 370 座城市分布在我国 31 个省区市。中国优秀旅游城市不仅是我国庞大的旅游目的地城市的最高荣誉，也是我国现代城市旅游发展的中坚力量，担负着我国现代城市旅游改革、创新与发展指引的重任。

中共十八大以来，中共中央日益提倡"生态文明"的发展理念，强调"绿水青山就是金山银山"。十九大报告进一步指出，建设生态文明是中华民族永续发展的千年大计，是实现中华民族伟大复兴中国梦的重要内容[6]。从生态学意义上讲，城市是以人为主体，由经济、社会和自然环境三个子系统构成的复合生态系统。在生态文明建设框架指引下的城市建设，必然要坚持以可持续发展资源观、效益观、消费观为理论基础，走经济、社会、自然整体协调发展的生态化建设道路。生态城市建设是人类文明进步的标志，是城市发展的方向。由中国社科院发布的《生态城市绿皮书》（2018）提出了生态城市评价"核心指标＋扩展指标"的动态评价模型为我国生态城市建设提供了明确的建设参考。旅游业作为一个典型的环境友好型产业，人与自然之和谐是旅游发展的基础，也是生态文明建设的必然要求，生态文明是旅游产业的灵魂。从某种意义上说，生态文明的建设，尤其是生态城市建设必将与旅游产业发展实现共赢[7]。

1.1.2　城市旅游发展面临的挑战

城市旅游伴随城市经济和旅游产业发展而兴起，肩负着促进城市经济发展，凸显其经济效益和满足人们旅游需求，保护生态环境，体现其旅游价值的双重使命和任务。城市旅游系统作为城市复合巨系统的子系统，不仅其系统内部组织结构多元，作用关系复杂，而且其与城市经济—社会—资源等外部因素具有千丝万缕的联系，使得城市旅游发展面临方方面面的挑战，受到各种因素的制约，概括起来主要有以下四个方面。

（1）城市旅游自身发展水平面临的挑战。随着城市发展水平的不断提高，城市经济竞争压力越来越大，城市旅游产业作为城市经济发展的重要引擎，其发展水平对城市整体经济发展水平具有重要影响，因此，如何提高城市旅游经济发展水平成为城市旅游发展面临的首要挑战。

（2）城市旅游发展与生态环境协调发展面临的挑战。旅游作为资源友好型产业，对旅游资源的生态性要求较高，同时，随着现代城市的发展，环境承载力有限，资源利用效率要求越来越高，如何利用有限的旅游资源获得更好的旅游经济效益是城市旅游发展面临的另一个重要课题。

（3）城市形象提升对城市旅游提出了更高的要求。城市形象对城市的全面发展具有举足轻重的作用，城市旅游作为城市和外部交互的重要"窗口"，对塑造城市形象、获得外界对城市的认同感具有积极的影响。同时，游客往往是通过旅游和一个城市产生直接接触，城市旅游发展水平直接关乎一个城市的形象；而城市形象和影响力的提升反过来又会促进城市旅游的发展。但是由于城市形象的塑造涉及方方面面，不是旅游一个产业所能完全影响和决定，因此，如何保证城市旅游与城市影响力相互促进、共同发展是城市旅游发展面临的又一挑战。

（4）可持续发展背景下城市旅游发展面临的挑战。这是城市旅游面临的最根本的挑战。可持续发展是人类反思经济发展对环境影响问题而产生的科学发展理念，强调经济发展应该和社会、环境协调发展，而不能"杀鸡取卵"，盲目追求经济效益，置社会、环境影响于不顾。城市旅游根植于城市复合生态巨系统，其发展必须和城市社会、经济、环境等方方面面协调友好，由于城市系统的复杂性，要保证城市旅游发展的可持续，必须具有科学的发展理念、准确的评估分析、正确的发展策略和切实可行的发展措施，这些都对城市旅游发展提出了挑战。

1.1.3 生态文明理念指导下的城市旅游

城市旅游发展所面临的挑战归根到底是如何实现城市旅游可持续发展的问题，科学的发展理念是实现可持续发展的首要条件。而城市旅游的兴起正是源于城市生态环境的改善、发展模式的改变，因此，人们期望将生态旅游的理念和思路向城市旅游延伸，实现城市旅游的可持续发展目标，由此产生了城市生态旅游的概念。

1996 年，加拿大绿色旅游协会委托 Black Stone 公司为多伦多编制规划，在其完成的《大都市多伦多发展都市生态旅游的策略：绿色旅游合作的可行性研究》报告中，首次明确提出了城市生态旅游的概念，提议在城市绿地发展生态旅游，可以达到活化社区经济、保护地方文化遗产与实现社会公平等目标[8]。吉普森（Gibson，2001）根据多伦多发展经验，研究了城市生态旅游的现实可行性。2004 年，第一届国际城市生态旅游会议提出了城市生态旅游宣言，来自 12 个国家的与会代表就发展城市生态旅游的目标达成一致，认为城市生态旅游发展的目标应包括：①修复与保护自然与文化遗产；②地方利益最大化；③资源可持续利用理念教育；④减少生态足迹损耗。

然而，虽然城市生态旅游的概念被提出已有二十余年，但令人遗憾的是至今未能建立起较为完善的理论构架，研究中仍存在重实证分析、轻理论探讨的偏差。案例城市生态旅游条件的判断、城市生态旅游资源范畴的界定、城市生态旅游规划设计等实证研究又多呈现出城市资源营销的倾向。在这种基础理论支撑不足情况下的城市生态旅游极有可能在不自觉中落入伪生态旅游的迷思，甚至由于操作不当亦可能使其成为过度消费城市资源的元凶，并间接形成城市旅游发展的瓶颈。

当前，我国将生态文明建设提高到一个前所未有的高度，明确生态文明建设将是一项长期稳定的基本国策，并坚决要求把生态文明建设放在突出地位，融入经济建设、政治建设、文化建设、社会建设各方面和全过程[6]。城市旅游，作为现代旅游研究的新热点、最赋有价值与潜能的应用分支，在三大效益的平衡方面具有优越的条件和强烈的需求。因此，在城市旅游发展研究中，亟须从我国国情出发，深入剖析影响城市旅游可持续发展的各方因素，以科学发展观为指导，秉承生态文明发展理念，从多角度、多层次贯彻生态学思想，采用系统论方法对城市旅游发展问题进行深入分析，确定针对性强、可操作性好的发展策略，使城市旅游发展处于良性可持续发展状态。

1.2　研究目的与意义

1.2.1　研究目的

本研究是在中共中央把生态文明建设作为统筹推进"五位一体"总体布局的重要内容的大背景下，为促进旅游产业与经济、社会、生态环境协调发展，贯穿生态学理论于城市旅游发展做有益探索，从生态文明的视角研究解决城市旅游可持续发展问题，以确保城市旅游发展与城市生态文明建设一体联动，互相促进。研究的主要目的包括：

（1）研究梳理现代旅游发展脉络，分析城市旅游发展背景、现状和制约其可持续发展的主要因素，对其理论与实际中凸显的矛盾及其根源进行深入剖析，找出研究切入点，提出从生态文明视角研究城市旅游发展的新思路。

（2）建立城市旅游发展研究完备的理论体系。按照生态文明的发展理念，在深入分析城市旅游发展的各方面影响因素基础上，通过理论抽象，抓住主要矛盾，构建城市旅游发展研究理论模型，以该模型为指导，研究提出对城市旅游发展多维度、多尺度的科学分析和评价方法，建立城市旅游发展状况分析体系，为城市旅游发展策略研究提供坚实的理论支撑。

（3）在理论研究基础上，为了验证理论研究成果的可行性和进一步深化理论研究成果应用，以西安市为例采用实证研究方式，通过运用理论模型和分析工具对西安市旅游可持续发展状况进行全面、科学和量化的分析评价，逐层递进，找到影响西安市旅游可持续发展的限制因素。

（4）在科学、准确分析西安市旅游发展问题的基础上，提出保持西安市旅游可持续发展的方法措施和实现途径，为西安市旅游良性发展提供指导，同时，也为其他城市旅游可持续发展提供参考借鉴。

1.2.2　研究意义

1. 理论意义

（1）按照发达国家城市化历程所遵循的纳瑟姆曲线规律，各国城市化进程都将经历类似正弦波曲线上升的过程，该过程可分为：初期准备、中期快速发展及后期成熟稳定等三个阶段。按照国家统计局公布的数据，截至2017年末，我国城镇化率较上年增长1.17%，达到58.52%，城市化水平明显处于30%~70%快速发展区间。旅游，作为当前推动区域城市化进程的新动力，在助力经济转型、社会变迁以及文化重构方面发挥了重要的作用与价值。旅游催生城市，城市成就旅游的新格局已成为我国城市化进程的必然。如何实现和保证城市旅游可持续发展成为摆在人们面前迫切需要解决的重要问题。然而，从目前研究来看，现有研究成果难以统一城市旅游发展理念，缺乏说服力强、实践性好的研究成果，尤其缺乏完备的理论体系做支撑，亟须在科学发展理念指导下，系统研究城市旅游发展问题，形成理论成果，为城市旅游可持续发展提供切实可行的方法与路径。因此，本研究的开展对城市旅游可持续发展理论及城市化研究将大有裨益。

（2）旅游产业作为发展最迅猛、势头最强劲，发展规模越来越大的产业类型，在国家和地区的经济发展中占据越来越重要的地位。对旅游产业的可持续发展研究是现代旅游研究的热点和难点问题。虽然人们从环境视角、复合视角等多角度对旅游可持续发展问题进行了大量研究，取得了很多研究成果，如生态旅游等，但是，截至目前的研究成果还难以圆满解决旅游产业可持续发展问题。生态文明视角是党在新时期提出的新的发展理念，蕴含着丰富的科学思想，是可持续发展行之有效的实现途径。目前已有学者提出从生态文明视角来研究旅游产业的可持续发展问题，并取得了一定成果[9~13]。城市旅游作为旅游产业重要组成部分，由于城市旅游的特殊性和涉及的影响因素更加多元，使得城市旅游的可持续发展问题显得尤为重要，也更加困难。从已有文献来看，以生态文明视角对城市旅游可持续发展研究尚处于薄弱环节，缺乏系统完整的理论体系。通过研究可以从全新的科学视角，对城市旅游可持续发展问题展开研究，形成系统的理论体系和研究方法，能够开阔城市旅游可持续发展研究视野，丰富城市旅游可持续发展研究思路，对城市旅游产业乃至整个旅游产业可持续发展研究将产生积极的推动作用。

（3）城市旅游可持续发展研究是城市旅游研究的重要组成部分，其研究成果可以辐射和影响城市旅游研究的多个方面。通过从全新视角对城市旅游可持续发展问题进行系统全面的研究，构建了城市旅游研究模型，提出了系统的分析方法、指标体系和评价标准，对城市旅游其他方面研究将提供参考和借鉴，对拓展城市旅游研究思路和方法具有重要意义。

2. 现实意义

（1）城市旅游的兴起源于可持续发展理念的提出和推广，因此，城市旅游发展的可持续性不仅体现其自身的发展模式，同时也和整个城市的发展模式息息相关。自中共十八大以来，中共中央反复强调生态文明建设重要的战略地位，要求把生态文明建设的价值理念方法贯彻到现代化建设的全过程和各个方面。从生态文明视角研究城市旅游可持续发展正是践行这项基本国策，适合我国国情。研究不仅具有理论价值，同时更能指导城市旅游发展实践，利用城市更能吸纳旅游业影响的特点，进一步推动城市旅游在生态责任、生态教育、环境保护和与城市经济、社会、文化等方面作用的综合效能，对推动城市旅游产业良性发展和城市经济可持续发展具有良好的指导和借鉴意义。

（2）城市旅游的可持续发展问题虽然是研究的热点问题，人们提出了各种不同的研究思路，提出了多种实现方法和途径，但是往往都有失偏颇。要么强调产业经济性，而罔顾其生态成本；要么片面强调生态效益，而忽视产业的逐利经济本性，即使在复合视角下，也出现了片面强调内外协调性而忽视内部发展性的可持续发展观，这些研究成果在实践中都难以达到可持续发展目标。可持续发展是一个不断发展完善、实践性很强的理念，必须在实践中不断摸索。生态文明是我党在长期经济建设实践中，探索出来的可持续发展实现途径，具有广博而深刻的科学内涵，充分体现了可持续发展的本质特征。以生态文明视角来研究城市旅游可持续发展的实践问题，采用系统论的方法，对发展方方面面的影响进行了全面而深入的研究，通过科学、准确的分析评估找到发展中存在的瓶颈问题，具有很强的针对性，能够为城市旅游发展提供切实可行的发展策略，对城市旅游发展规划和相关政策制定将具有良好的指导和借鉴性。

1.3　研究思路与内容

城市旅游作为一个复杂系统，不仅其自身涉及面广、要素多元、互动性强，而且与城市复合系统多个方面具有千丝万缕的联系，因此，对城市旅游可持续发展问题研究，必须首先从理论层面展开研究。需要在充分借鉴现代旅游和城市旅游研究成果基础上，对城市旅游发展面临的问题进行深入分析，找准研究切入点。在此基础上，对城市旅游可持续发展研究模型、研究方法等进行系统全面分析，建立系统完备的理论体系，找准发展瓶颈，为发展策略研究提供指导。在理论研究基础上，为了验证理论成果和深化实践应用，采用实证研究方式。西安市作为"古代丝绸之路"的起点、"丝绸之路经济带"的核心城市，旅游业被委以西安市"一带一路"建设先锋的重任，享有千载难逢的机遇，同时也面临前所未有的挑战。西安市旅游产业该如何继续保持快速发展的势头，推动旅游产业结构的合理调整，不断释放旅游发展的潜能，提升对地方经济的带动力是西安市旅游业需亟待解决的问题。因此，西安市具有典型旅游城市的特点，同时具有迫切的可持续发展需求，是实证研究的理想对象。

总体研究分为理论研究和实例研究两大部分，如图 1-1 所示。

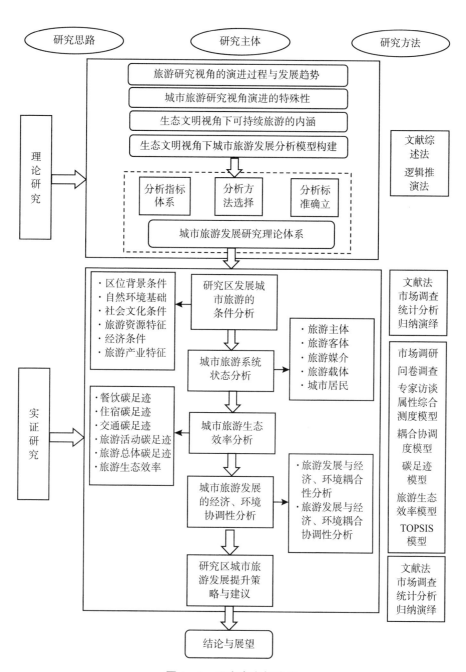

图 1-1 研究内容与路线

研究的主要内容包括：

（1）深入剖析现代旅游研究视角发展变化与城市旅游发展研究的脉络，系统梳理国内外城市旅游发展研究情况，对目前城市旅游可持续发展研究存在的难点和瓶颈问题进行分析，找准研究切入点，为后续研究奠定基础，确定目标。

（2）以生态文明的新视角，对城市旅游可持续发展问题进行研究，建立城市旅游发展研究理论模型。在准确把握城市旅游系统的组分结构、了解各组成要素间的关系与相互作用机理的同时，将城市旅游系统置于城市复合巨系统之中展开研究，强调城市旅游和整个城市经济、文化、自然等的耦合关系，研究建立以城市旅游系统为主体、城市复合巨系统为依托、旅游发展效率为支撑能够全面反映城市旅游发展各方面影响因素的研究理论模型。

（3）在城市旅游发展模型基础上，研究确立城市旅游发展分析理论体系。以研究理论模型为指导，从旅游产业内部的高效性，产业对环境影响和旅游与社会经济、环境协调性三个方面研究并提出城市旅游发展状况分析理论体系。主要包括分析指标体系的构建、分析评估方法模式建立、评估标准确定等方面研究内容，力求能够建立城市旅游发展状况分析完备、全面和系统的理论体系，为城市旅游发展状况分析提供理论工具和技术支撑。

（4）为了验证理论研究成果的正确性和可行性，需要采用实例验证。以西安市为实例城市，采用本书理论研究成果，对西安市旅游可持续发展状况进行全面系统分析，以此为指导，找到影响西安城市旅游可持续发展的问题症结与瓶颈，提出针对性对策建议，为推动西安城市旅游良性发展提出合理化建议和方法。

1.4　技术路线与方法

1.4.1　技术路线

本书按照理论研究、实例研究的基本思路，首先对现代旅游研究视角演进和发展趋势，城市旅游的特殊性和现有城市旅游发展研究成果进行了梳理分析，力求理清研究问题，明确研究目标。接着对生态文明和可持续发展关系进行分析，提出了从生态文明视角研究城市旅游可持续发展的新思路，以此为指导，通过分析城市旅游发展各方面影响因素，抽取主要矛盾，建立了城市旅游发展研究模型，为城市旅游发展研究提供科学合理的研究对象。以研究理论模型为基础，进而构建城市旅游发展分析理论体系，通过构建评价指标、确定评价方法、建立评价模型和确立评价标准，形成了城市旅游发展状况分析评价完备的理论体系，为城市旅游发展研究提供理论支撑和工具手段；最后，以西安市为例，采用实证研究的方式，利用本书理论研究成果，对西安城市旅游发展状况进行了全面、细致地分析，逐级推进，力求准确发现影响其可持续发展的短板瓶颈，并针对这些问题，通过逻辑推演和数据分析，对解决西安市旅游可持续发展问题提出对策建议和实现途径。具体如图 1 −1 所示。

1.4.2 研究方法

（1）文献整理法。研究首先搜集并阅读了大量有关现代旅游研究、城市旅游与发展等方面的相关文献资料，系统梳理了现代旅游发展进程和研究视角的变化脉络，对城市旅游的兴起、面临的挑战、研究热点等进行对比分析，明确了城市旅游发展研究存在的难点和瓶颈问题。此外，通过文献整理，掌握了现代旅游、城市旅游、城市生态系统、可持续发展和生态文明等领域的研究方法、研究视角、研究方向及研究内容。

（2）资料搜集法。为保证研究结果的客观性与可靠性，本书尽可能使用权威部门发布数据，如 2007 ~ 2016 年《中国统计年鉴》、《中国旅游年鉴》、《陕西统计年鉴》、《西安统计年鉴》、陕西省统计局《旅游产业统计监测报告》、《西安市国民经济和社会发展统计公报》等。此外，在对西安市城市旅游系统内部状态分析中，还搜集了广州、成都、杭州、厦门等 15 个副省级城市地方统计年鉴和《国民经济和社会发展统计公报》，包括入境旅游人数、旅游外汇收入、国内旅游人数、旅游总收入、星级以上饭店总数、旅行社总数、旅游从业人数、旅游院校学生人数等 8 项指标数据。另外，还采用公共交通信息和 GIS 软件，获取了 2016 年从西安市入境的 10 个主要客源国首都和我国的香港、澳门、台北，以及我国 29 个直辖市和省会级城市与西安之间的航空、铁路、公路三种运输方式的运行距离数据（因西藏的数据难以获得，故不包含西藏的数据）。最后，还包括对陕西省统计局、陕西省旅游局、西安市旅游局、西安市酒店协会等单位的内部调研数据。

（3）市场调研法。为了保证本研究结果以最大程度与现实情况相符，本书对确实难以获取的数据，采用了市场调研的方法。2016 年 4 ~ 8 月间，项目组分三次分别在西安市大雁塔、大唐芙蓉园、陕西历史博物馆等 6 个景点发放针对游客的 930 份问卷、针对城市居民的 100 份问卷，以获取游客对西安市城市旅游景观的价值、产品功能、城市居民参与旅游态度与效果、旅游者交通方式选择、旅游活动类型与参与频次等主观指标相关数据。整个调研分为前期准备、市场调研、调研结果统计三个步骤。

（4）定量分析法。定量分析法是本书采用的最重要的研究方法。城市旅游发展研究模型中的每个维度都具有相对独立性，因此结合实际需要选择不同的定量研究方法，如在城市旅游系统内部稳定性分析上，针对其特点规律，建立了基于 AHP 层次分析法的属性综合判断分析模型；在城市旅游系统与外部协调性分析上，鉴于指标体系的特殊性，使用了熵值法与复相关系数法相结合的方式确定组合权重，进而利用 TOPSIS 法与耦合协调度模型法对系统内外部协调性进行了评价；在对旅游生态效率分析时，利用碳足迹和生态效率模型，采用了 SPSS23.0 对大量数据进行了统计分析。

同时，在研究中针对具体问题还综合运用归纳演绎、统计分析等方法，如图 1 - 1 所示。

第 2 章

研究综述与相关理论

1998～2006 年 CSSCI 数据库以旅游为主题的发文数量以年均 17% 以上的增长率递增，自 2007～2018 年旅游发文量稳定保持在年 1200 篇以上，2009 年甚至高达 2022 篇，这一系列数据极有力地说明了，旅游研究已毋庸置疑地成为学术研究的热点领域。本章以"现代旅游研究的视角"为主线对现代旅游研究的理论脉络进行梳理，进而对城市旅游的研究进展进行了总结与述评。最后，对有关理论及其具体指导意义进行了分析。本章主要目的在于发现目前研究的薄弱环节，以明确研究的目标，通过文献梳理来寻找学术立足点，为后续研究提供必要的理论支撑。

2.1　现代旅游的研究视角分析

研究视角（perspective）是研究者群体或个体在分析某个问题时所采取的立场及由此形成的分析与解决问题的角度[14]，是研究思路的重要构成部分。它可以被理解为照射研究对象的一束光源，如"夜间观牛，其色皆黑"，缺乏研究的视角，研究对象便无法辨识。正是因为有了研究视角，研究对象才能够被发现、被理解。

旅游作为全球发展势头最强劲和规模最大的产业类型，在拉动地区经济、调整产业结构、推动城镇化建设、创造就业机会、扶贫攻坚、缩小城乡差距等方面正在发挥着越来越重要的作用。与此同时，现代旅游研究也随着实践的不断深入而逐渐深化，正逐步从应用学科到理论与应用并重；从新兴领域到与传统学科相互交织融合[15]。旅游研究的新视角、新观点、新方法不断涌现，共同铸就了如今旅游学术界"百花齐放、百家争鸣"的繁荣局面，而纵观旅游研究的发展历程，其研究视角经历了由经济视角、社会视角、生态视角到复合视角、生态文明视角的转变过程。

2.1.1 经济视角

旅游业被看作是一个国家经济增长和发展的重要引擎，从经济视角研究旅游发展中面临的各种问题是大众旅游资本导向的本质要求，研究内容大体包括两类：一是从理论角度，对旅游经济影响力的评估与旅游经济发展特征与规律的研究；二是从实践角度，以追求成本控制、实现投入产出最大化为初衷，对旅游发展供需系统的研究。旅游发展初期阶段，旅游研究大都沿袭此视角，符合人类对旅游活动认知的基本规律，是时代的要求、历史的必然。如邢明、保继刚、李志青、王瑜等分别对秦皇岛、南昆山、上海、福建等地的旅游开发对当地经济贡献度进行了研究[16~19]。郭康、齐德利、董瑞杰、吴晋峰等分别对嶂石岩地貌、甘肃丹霞地貌、罗布泊雅丹地貌、库姆塔格沙漠风沙地貌等不同地貌类型的特征与旅游开发的价值进行了分析[20~23]。刘敦荣、顾幼瑾、杨振之、陈义彬等分别在对北京、昆明、成都、闽粤赣边客家地区旅游市场需求调研的基础上，对其旅游产品的开发进行了探讨[24~27]。

经济视角下的旅游研究，以完善产业结构、提高产业水平、增强经济效益为主要诉求，而随着旅游产业规模的不断扩大，旅游的影响力得到充分释放，旅游引发的社会问题逐渐得到重视，社会视角成为旅游研究的新视角。

2.1.2 社会视角

社会视角是指从社会学的角度剖析旅游活动中的各种现象，解决旅游发展中的社会问题。从社会视角来看，旅游活动不仅是个人或群体的行为，它还是一种社会现象；从旅游者消费需求与旅游产业供给两个方面来看，以旅游资源为依托，旅游设施为媒介的旅游服务产品无不需要渗透文化的血液，因此旅游活动又被视为一种文化行为。20世纪70年代，耶路撒冷社会人类学者埃里克·科恩（Eric Cohen）发表的《从社会学角度看国际旅游业》开启了国外旅游社会学研究的先河[28]，而国内有关研究始于 20 世纪 90 年代。如王宁的《旅游、现代性与"好恶交织"——旅游社会学的理论探索》一文系统分析了只有将旅游与现代性联系才能深入剖析旅游的社会学意义[29]。从社会视角展开的旅游研究主要围绕旅游者的消费需求、旅游与社会变迁、旅游与社会文化、旅游与社区建设等几个方面展开[30~36]。

社会文化视角下的旅游研究打破了单纯以经济现象解析旅游活动的局限，不仅在理论上丰富了旅游研究的内容，实践上对基于需求导向的旅游产品设计、旅游城市化建设、社区旅游开展、旅游文化保护等方面也产生了积极的指导作用。随着旅游产业规模的不断扩大，民众环境意识的觉醒，旅游与环境的协调发展问题成为了研究的新热点，从而产生了基于环境视角的旅游研究。

2.1.3 环境视角

环境视角是在人们对旅游业"环境友好型"特征的充分认识之后，从强调环境保护的角度来重新审视旅游发展的方式以及发展中出现的环境问题，其中以生态旅游的提出最具代表性。20 世纪六七十年代，西方社会在工业革命的推动下生产力达到空前水平，而与此同时，生态环境的破坏也达到了前所未有的程度。于是 1972 年 6 月联合国在瑞典的斯德哥尔摩召开了"人类环境会议"，会议形成的《人类环境宣言》第一次呼吁"全人类要对自身的生存环境进行保护和改善，保护环境就是保护人类自己"。此后，1983 年墨西哥专家赛伯罗斯·拉斯喀瑞（Ceballos Lascurain）首次提出了"生态旅游"（ecotourism）的概念，在 1992 年"可持续发展"概念和原则的提出并推广之后，它被作为旅游业实现可持续发展的主要形式开始得到全球范围内普遍的关注[37]。

作为席卷全球的一场旅游发展方式的变革，生态旅游引发了国外学者广泛的探讨，尤其是对生态旅游内涵的探讨成为该领域研究的热点话题。许多西方学者在拉斯喀瑞提出概念的基础上又对生态旅游给予了不同的界定，其中菲尼尔和伊戈尔（Fennel & Eagles，1989）、IES 世界生态旅游学会（1991）、布（Boo，1992）、韦斯顿（Western，1993）、巴克利（Buckley，1994）等学者的定义颇具代表性[38~42]。这些定义虽然各有侧重，但可总结出西方学者对生态旅游属性与特征理解的共同点：

（1）对生态旅游活动开展范围的限定。这些定义几乎都提到了生态旅游前往的是干扰较少或没有受到污染的自然区域，因此生态旅游明显属于自然旅游的一种类型。

（2）小众化特殊专项旅游属性特征明显。由于生态旅游概念普遍将旅游范围界定在自然环境良好、干扰较少或没有受到污染的地区，甚至是生态敏感区，那么在这样的环境脆弱地区开展的旅游注定了其参与人群必定是小众化的，有较高环保意识的高端人群。

（3）社区与社区居民利益保护问题受到重视。生态旅游尤其重视旅游与社区协调关系，强调若要实现旅游业发展的可持续化，生态旅游最直接的利益相关者——社区与社区居民的经济、社会与文化的利益必须得到保护。

由以上分析可以看出，西方学者普遍认同生态旅游是在自然区域开展的以生态保护为前提、社区参与为保障、环境教育为己任的负责任的一种旅游活动。

从国外研究热点来看，生态旅游研究主要分布在效益评估、目的地管理、生态影响、社区参与、旅游者行为等方面[43~51]。作为西方舶来品，生态旅游的研究在国内起步较晚。综观目前国内研究成果，可分为理论与实践两条脉络加以梳理。从生态旅游概念与本质解析，进而对价值与功能的探讨，再到资源分类与评价、利益相关者分析是20余年来国内生态旅游理论研究热点的演变次序[52~59]。对案例地区生态旅游影响的评价、对开展生态旅游条件与发展对策的研究构成了国内生态旅游实践研究的主要内容[60~63]。

环境视角是在西方"绿色浪潮"的影响下，学术界在应对环境危机的过程中，摒弃"经济利益至上"的认识误区，对人类文明发展与生存环境演变历史规律的深刻反思后形成的研究新视角。然而，虽然历经30年的发展，学术界至今对生态旅游的定义仍然未能达到统一，正如新西兰学者欧姆斯（Orams，1995）所说"生态旅游的概念就像画在沙滩上的一条线，其边界是模糊的，而且被不断冲刷、修改"[64]。由于在理论上，生态旅游在环境保护与经济利益两者之间存在厚此薄彼的问题，往往在强调"生态性"的同时却忽视了其与生俱来的"资本逐利"的产业性质，导致理论对实践的指导作用严重受限，生态旅游不"生态"的现象层出不穷。为此，需要融合经济、社会、环境的复合新视角来审视与指导旅游的发展。

2.1.4 复合视角

任何一种研究视角的出现都不能脱离当时具体的自然、社会与文化背景。例如旅游业作为地区的经济产业的重要组成部分，按照经济发展规律，最初阶段以追求经济利益最大化无可厚非。而伴随产业发展中不断涌现出来的新矛盾，旅游研究需要不断调整视角以满足指导旅游产业发展的需求，随之产生了社会视角、文化视角。进而当单一视角无法进一步解释旅游现象的复杂性与破解旅游发展中的矛盾时，复合视角应运而生。目前，对旅游与环境、旅游与经济、旅游与社区、旅游与城镇化、旅游的城乡协调等一系列问题均大多以复合视角而展开，强调耦合协调发展的模式[65~71]。

复合视角是对旅游研究单一视角的升华，有利于更科学、更全面地掌握旅游发展的规律与研究旅游综合问题，是旅游研究取得跨越式进步的体现。然而，复合视角研究也暴露出研究视角机械化叠加的问题。比如由于片面追求协调度，而可能造成以牺牲子系统内部水平为代价的高协调性现象，即低水平的高协调；片面追求对环境的低影响，而牺牲产业经济效益，可能导致高效率下的低效益。显然，这种"高"协调与"高"效率都不能真正引导旅游产业实现可持续发展的目标。旅游研究需要用系统科学理论指导下的复合视角取代叠加式复合视角来开展。生态文明建设理论给予了旅游研究视角以科学的支撑。

2.1.5 生态文明视角

中共十七大报告中首次明确提出，要在全国范围内开展生态文明建设，生态文明的理念逐渐开始得到社会各界的关注。中共十八大以来，尤其是十八届三中全会以来，围绕生态文明"五位一体"建设的有关资源产权及用途管制、生态补偿、生态红线、资源管理体制等方面制度建设不断推进，生态文明已从理念上升至制度建设的新阶段[72]。按照十八大报告对生态文明概念的解析，"生态文明就是建设以资源环境承载力为基础，以自然规律为准则，以可持续发展为目标的资源节约型、环境友好型社会[73]。"生态文明是人类在能源短缺、资源耗竭、环境污染、生态失衡的环境危机下，探索人与自然、人与人、人与社会和谐共生、良性循环、全面发展、持续繁荣的新型文明境界，是人类社会文明的高级形态，是人类历史发展的必然选择。

在全面推进生态文明建设的时代背景下，生态文明的理论不仅成为旅游发展强有力的行动纲领，也为旅游研究提供了全新的视角，是旅游研究迈向更高层次的反映。为了体现生态文明公正、高效、和谐和人文发展的核心要素，生态文明视角下的旅游研究应该具备两大特征：一是要以多元化更全面的视角去剖析复杂的旅游经济现象及其发展的规律性；二是要以系统科学理论为指导去探索旅游与自然、社会及人等要素之间如何实现全方位优质耦合协调发展的问题。

由于生态文明建设理论提出时间不长，基于生态文明视角的旅游研究目前尚处于探索阶段，但仍然产生了部分具有较强科学指导价值的旅游研究成果。如张翔的《生态文明旅游定义及其产业化》，以辨析生态文明旅游与生态旅游关系着手，提出生态文明旅游产业化是实现生态旅游可持续发展的可靠路径[9]。该文首次将旅游与生态文明相结合进行了理论探讨，丰富了生态文明下的旅游研究理论。薛华菊、郭向阳、龚志强、张冉[10~13]等分别对旅游—经济—环境、旅游—生态文明、生态文明—旅游目的地、旅游—生态城市建设等问题进行了系统间耦合协调发展的研究，这些研究均明确提出以保持系统内部高效状态为前提的系统间优质耦合才是保证旅游可持续发展的目标。此类研究结论明显与简单的复合视角研究有所区别，体现了以系统性统领复合视角研究的高层次特征，是生态文明视角下的旅游研究更具科学性的体现。当然，现有研究数量较少，对基于生态文明理念的旅游可持续发展研究系统性还不足，但却是旅游研究未来的方向。

2.2　国内外城市旅游研究综述

2.2.1　城市旅游研究产生的背景

在工业化到来后相当长的阶段，人类社会与城市的工业化之间存在着激烈的矛盾与冲突。工业化带来的环境污染、工作与生活程式化，使得人类有着逃避城市、返璞归真、回归自然的本能。人们更向往天蓝、景美、水清、声轻、气净的大自然，借此暂时摆脱工作的紧张、生活的压力与情绪的焦躁。此时城市只是主要的客源地，而非目的地。但随着后工业化时代的到来，特别是可持续发展理论的提出与付诸实施，城市的理性发展成为联合国以及各国政府主导下新的世界潮流，城市的生态环境得以明显改善。加之，由于城市经济发达、商贸往来频繁，餐饮、住宿、交通、游憩、购物、娱乐等配套服务设施完善，使得城市不仅是旅游客源地，也成为重要的旅游目的地和旅游集散点。

"城市旅游"的概念，是由美国学者斯坦斯菲尔德（Stansfield，1964）在其著作《美国旅游研究中的城乡不平衡》中首次提出的，但在此后近 20 年的时间里，限于缺乏城市旅游普遍认同的基础理论和基本概念，城市旅游研究仅停留在描述国际旅游的现象上。随着城市作为国家门户的作用越来越显著，旅游需求随之呈爆炸性增长，使得以历史与人文为主要资源凭借的城市该如何满足急剧扩张的旅游市场开始得到学术界的关注。随后，以伯明翰、曼彻斯特、布拉德福等为代表的许多西方老工业城市，开始寄希望于城市旅游以助力其完成城市复兴的宏伟战略[74]。到 20 世纪八九十年代，城市旅游的研究才真正开始得到发展[75]。如施托费尔和拉施（Stoffle & Rasch，1981）对《城市沙滩的社会次序》一书发表城市旅游相关重要评论、杰夫·沃尔（Geoffrey Wall，1983）以"大西洋沿岸城市旅游与社会转变"为题在国际会议发表重要报告，以及鲍里斯和德拉甘（Boris & Dragan，1984）的《旅游与城市复兴》一文的发表，成为早期城市旅游研究的代表性成果[76~78]。

2.2.2 城市旅游研究发展阶段分析

利用 Elsevier 与 CNKI 中外两家权威数据库，本书对国内外城市旅游研究进行了检索，检索时间截至 2018 年 12 月。在对英文文献检索的过程中，利用"Urban Tourism"为篇名与关键词，检索到研究与综述类文献共计 567 篇；国内则以"城市旅游"为主题，去除硕博论文后，检索到文献 3658 篇，研究总体数量比较可观。

进一步比较国内外研究文献在不同年份上的数量变化，曲线呈"V"字型上行的走势均比较明显，只是波谷出现的时间略有差异。国外研究在

1995~2010 年处于平稳保持期，除个别年份外发文数量基本维持在年 13~16 篇左右；2011~2012 年处于加速发展期，其中 2011 年较之上一年翻一番；2013~2014 年处于发展调整期，城市旅游研究在经历 2013 年的波动后，2014 年反弹明显；2015~2018 年国外城市旅游研究开始步入繁荣稳定的新时期。

类似国外研究的发展曲线，国内研究表现则更为突出。伴随中国城镇化建设的持续发力，城市旅游作为城镇化建设的重要组成部分，甚至成为推动城镇化建设的主要驱动力之一，自 1998~2011 年国内城市旅游研究年均增长幅度高达 34.9%，尤其是 1998 年较上一年增加 143%。国内研究在经历 2011 年小幅震荡回落后，自 2012 年以来再次步入稳定发展的阶段，并多次创造研究数量新高。以上分析反映出，在特定时代背景下，城市旅游的研究在中国国内得到了更多的关注，城市旅游是国内外旅游研究持续的热点（见图 2-1）。

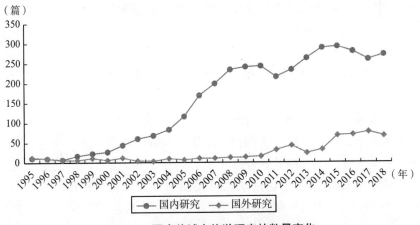

图 2-1　国内外城市旅游研究的数量变化

2.2.3　城市旅游研究的视角变化

城市旅游研究作为旅游研究的重要组成部分，其研究视角的演变遵循旅游研究的普遍规律，同时又具有一定的特殊性。梳理城市旅游发展的历程可以得出，城市由旅游客源地演变为兼具旅游客源地、目的地与集散地三种角色于一身，天然注定了城市旅游从开始对环境与社会的关注就达到了较高的水平。分析自拉斯喀瑞（Lascurain，1983）提出生态旅游概念以来的研究发展的时间脉络，可以看出对城市旅游的研究在经历了短暂的经济视角之后，很快便聚焦至社会及环境的视角，这也体现了城市旅游与生俱来的特殊性。

环境视角下的城市旅游研究，典型的当属城市生态旅游研究的出现。1992 年随着可持续发展理论的提出，生态旅游被作为可持续发展的重要形式得到全世界范围内的广泛关注。随后，国内外学者纷纷对其概念与内涵、功能与效应、发展条件与对策管理等方面展开了研究与探讨[79~86]，但受限于传统生态旅游概念模糊，理论架构存在缺陷，导致在其指导下的城市生态旅游研究并未能取得突破性进展。但无论如何，借助生态旅游的理念强化了旅游研究者立足于环境保护开展旅游研究的意识，对推动城市旅游研究产生了毋庸置疑的积极作用。

城市，作为区域经济最发达、商贸往来最频繁、人口最密集的旅游管理、接待、集散和辐射的中心，城市旅游必然是一种与城市经济、社会、文化、环境有着更加紧密互动的特殊旅游类型，单一视角研究无法满足解析城市旅游经济、文化、社会与环境现象及其发展规律的需要，长期以来多元化的复合研究视角一直是城市旅游研究的主要选择。而在生态文明的新时代，生态文明视角，是对传统复合视角的升华，这一系统化思想统领下的多元化视角将为研究城市旅游可持续发展提供不一样的视野，必将成为城市旅游研究的主流。

2.2.4　国内外城市旅游研究热点分析

选取 2009 ~ 2018 年间发表在《旅游学刊》《地理研究》《地理学报》《人文地理》《经济地理》《自然资源学报》《地理科学进展》《中国人口·资源与环境》《资源科学》等权威或核心期刊的 150 篇城市旅游研究文献，经研究发现国内近十年城市旅游研究主要分布在：旅游竞争力（25.00%）、旅游效率（17.39%）、城市空间结构（10.87%）、旅游形象与品牌（9.78%）、旅游协调发展（8.70%）、理论研究（6.52%）、供给与需求（5.43%）、影响分析（5.43%）、环境承载力（4.35%）、其他（6.52%）（见图 2 - 2）。

同时选取 2009 ~ 2018 年发表在 *Annals of Tourism Research*、*Tourism Management*、*Cities*、*Computers*，*Environment and Urban Systems*、*Tourism Geographies*、*Regional Science and Urban Economics*、*Journal of Retailing and Consumer*

Service 等 15 种外文期刊的 120 篇有关城市旅游相关论文进行了梳理，发现国外近十年城市旅游研究的热点分布如下：旅游可持续发展（18.68%）、旅游效率（10.78%）、需求与供给（10.24%）、市场与形象（9.23%）、影响研究（8.56%）、产品研究（6.35%）、管理与规划（21.24%）、理论研究（6.42%）、其他（8.50%）（见图 2 - 3）。

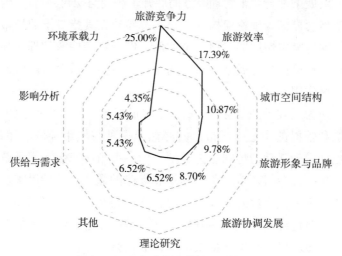

图 2 - 2　国内城市旅游研究热点分布

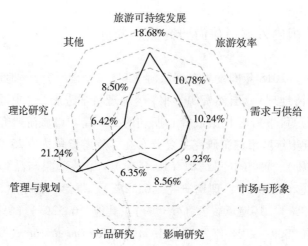

图 2 - 3　国外城市旅游研究热点分布

对比国内外城市旅游研究的热点分布可以发现，需求与供给、旅游城市品牌形象、旅游效率、影响研究、理论研究等方面是近十年国内外城市旅游研究的共同热点。与国外研究不同的是，国内研究偏重对城市旅游竞争力、城市空间结构以及旅游协调发展的研究；而国外则更侧重城市旅游可持续发展及城市旅游管理与规划研究。

1. 旅游可持续发展研究

可持续发展（sustainable development）理论自 1987 年由世界环境与发展委员会出版的报告《我们共同的未来》正式提出以来，备受关注。可持续发展理论源于人类对环境问题的反思，但又不仅仅局限于环境，它强调可持续发展应该是一种既满足当代人需要，又不损害后代人利益，追求经济与社会、环境协调发展的模式。旅游业作为资源依赖型产业，随着粗放式旅游开发对环境带来的巨大破坏，旅游与环境之间的矛盾变得越发尖锐。在此背景下，可持续发展被作为旅游发展的科学指导思想，成为全球旅游研究持续关注的热点。

梳理国内外有关城市旅游可持续发展研究的文献，发现其研究内容主要包括：发展水平评价、环境承载力、生态足迹与碳足迹、旅游协调发展、可持续发展模式、居民与游客影响感知、旅游企业行为等几个方面，产生了大量研究成果[87~96]。迪尔登（Dearden，1994）经过对旅游可持续发展概念与内涵的解析，提出可持续旅游是一种与环境相整合、兼容、协调、平衡、协同的旅游发展形式[97]。在旅游与环境影响方面，近年来继旅游环境承载力研究之后又引入了旅游生态足迹的概念。作为一种更加科学地预测旅游活动生态需求和环境影响的新方法，旅游生态足迹被作为判断一个地区生态环境是否处于可持续状态的工具。如曹辉（2007）基于生态足迹的理论，从旅游者消费结构特征出发，从旅游的食、住、行、游、购、娱等 6 个方面对福州市旅游生态足迹进行了测评。研究发现，旅游活动对福州市总生态赤字的贡献率为 7.6%，是影响旅游目的地生态环境的重要因素[98]。杨晓俊（2018）利用生态足迹理论构建生态压力指数标准，并结合空间叠加分析法对西安市区生态游憩空间的生态安全进行了研究，结果表明西安市生态安全状况不理想，需要对游憩空间布局进行调整[99]。

虽然国内外生态足迹研究均产生了一批研究成果，但是由于生态足迹模型在实际应用中存在均衡因子与产量因子确定困难、数据获取难度较大、土地类型假设可能存在偏差等问题，致使生态足迹研究面临重重阻力。在全球气候变化背景下，低碳经济成为时代的主流，低碳旅游应运而生。为了进行有效的碳追踪，碳足迹研究成了旅游环境评估的新选择。鉴于碳足迹模型较为简单、所需数据与参数也较之生态足迹更易获得，因此碳足迹研究成为目前评估旅游城市可持续发展能力的重要方法之一。

在城市旅游可持续发展评价体系方面，较为经典的包括格林和亨特（Green & Hunter，1992）提出的旅游环境影响的 EIA 评价分析方法（environmental impact assessments）、奥莱利等（O' Reilly et al，1999）提出的旅游环境承载力 TEBC 分析模型（tourism environmental bearing capacity）、麦库尔等（Mc Cool et al，2000）提出的可接受的变化极限 LAC 预警系统（limits of acceptable change system）。由于城市旅游是基于城市旅游自然—社会—经济复合巨系统之上的旅游子系统，对城市旅游可持续发展的评价必须本着多视角、系统性的原则设计评价体系，不仅需要考虑系统内部的可持续性，还要考虑到内外部的协调性与高效性。而以上评价方法大多着重对旅游可持续发展的某一方面进行评价，而缺少一个更加全面系统的评价体系。因此，有待于构建更科学的、系统的评价体系，以帮助城市诊断旅游发展中的问题，最终实现提升可持续发展能力的目标。

2. 旅游效率研究

旅游效率是衡量旅游产业发展过程中，在特定时间范围内单位要素投入产出率的指标，它是识别和判断旅游产业要素投入与产出合理与否的重要标准，是指导旅游产业从粗放型发展向集约型转变的重要工具。近十年来，国内外学者在对旅游效率的研究方面取得了丰硕的成果，研究视野在不断扩大、深度不断增加、方法不断丰富、交叉程度更加复杂，相关成果为旅游资源的最大化利用提供了科学的策略指导与理论支撑[100]。研究内容方面，除了延续在酒店与旅行社等传统产业部门效率研究的范式之外，逐渐向旅游产业效率、旅游生态效率延伸。研究方法方面，定量研究明显多于定性研究。方法的使用也逐渐突破了早期依赖数据包络分析，推广至包括网络数据包络分析、随机前沿函数、曼奎斯特指数及其改进模型等多种研究方法，且这些模型适用性很强。此外，随着因子分析、主成分分析方法的引入有助于进一步实现指标选取与优化, 旅游效率研究方法得到了不断的完善[101]。

例如, 阿拜乐 (Arbelo – Pérez, 2017) 采用随机前沿模型对 2009 ~ 2013 年西班牙 838 家酒店的效率、高 (Ko, 2015) 采用数据包络分析 (DEA) 对我国台湾地区旅游饭店的效率、巴罗斯 (Barros, 2010) 利用曼奎斯特生产率指数对 1999 ~ 2001 年葡萄牙 Enatur 连锁酒店的效率进行了评估, 并分析了影响效率的主要因素, 均认为由于酒店在人力、物力、财力方面的投入是无法缩减的成本, 只有通过提高效率才可以增加收益。选择适宜的地理位置、降低土地和交通成本、提高酒店管理效率、增强酒店创新能力等方法是增加酒店产出的有效途径[102~104]。鹏 (Peng, 2017) 利用时间序列 SBM – DEA 模型对中国黄山国家公园的整体效率进行了研究, 结果显示黄山的整体效率在不断提高, 纯技术效率高于规模效率, 生态效率与规模效率的相关性大于纯技术效率, 并提出仅仅依靠废物控制的环境管制方法不足以有效地促进生态效率, 唯有着重调整旅游产业结构、提高技术水平才是提高生态效率的有效途径[105]。

旅游生态效率是由生态效率衍生而来的全新概念, 它以生态效率 "最少投入, 最大产出" 为核心, 追求在实现旅游经济效益最大化的同时, 实现环境影响最小化的 "双重目标"。旅游生态效率研究是旅游可持续发展的新视角, 为可持续旅游、低碳旅游的开展以及旅游碳交易、旅游碳税政策的制定提供了科学依据、决策的支持[106]。国外对生态效率的研究是近十年来旅游效率研究的新热点, 从企业微观与产业中宏观角度出发都产生了一些具有标志性的成果, 如高斯林 (Gössling, 2002) 对美国落基山国家山地公园、荷兰阿姆斯特丹、法国、塞舌尔等国家和地区的旅游生态效率进行了定量研究, 分析了影响生态效率的因素[107]。苏珊娜 (Susanne, 2011) 以瑞士阿尔卑斯山地区为例, 对其旅游生态效率战略进行了评价[108]。由于目前研究仍然处于发展阶段, 研究的系统性有待完善, 通常存在顾及了产业内部横向关联, 便忽视了纵向之间关联的弊病。反观我国国内旅游生态效率的研究, 由于旅游产业并非国民经济独立统计部门, 许多投入、产出数据无从获取, 加之缺少系统的理论研究体系支撑, 导致较大程度依赖国外研究的成果, 严重限制了国内旅游生态效率研究的发展。作为旅游可持续发展研究的新视角, 旅游生态效率研究是探索旅游经济与环境可持续耦合协调发展的重要组成部分, 其重要性在未来必将得到更多的关注。

2.3 相关理论

2.3.1 经济学理论

1. 循环经济理论

循环经济思想是环境保护思潮兴起的产物，由 20 世纪 60 年代美国经济学家波尔丁首次提出，他将地球比喻为宇宙飞船，提出只有对资源实行循环利用，地球才能长存。传统工业经济是一种由"资源—产品—污染排放"单向流动的线性经济，往往以自然为代价换取经济数量型增长[109]。而循环经济是对以高开采、低利用、高排放（所谓两高一低）为特征的传统线性经济的革命，是一种与地球和谐的经济增长方式，它要求在经济活动中建立"资源—产品—再生资源"的反馈式流程，通过将物质与能量在经济循环过程中合理、持续式利用，从而有效地将经济活动对环境的影响控制到最低，即在资源环境不退化甚至得到改善的情况下促进经济增长的战略目标[110]。

旅游业是一个综合性强、覆盖性广的特殊产业，通过向游客提供食、住、行、游、购、娱六大核心要素服务，不仅在产业内部、要素之间，甚至通过旅游产业链与其他相关产业之间形成循环网、循环链。要实现旅游可持续发展的目标，必须依托循环经济学理论，探索贯彻减量化、资源化、再修复、再利用、再思考五原则的旅游低碳循环发展模式。

2. 环境经济学理论

环境经济学是一门将环境与生态科学的内容引入经济学研究所形成的新学科。长期以来，水、空气等环境资源被认为是人类可无限利用的"无偿资源"，大自然被当作免费的废弃物净化场。在生产规模小、人口少的时代，这种经济发展方式对自然和社会的影响都较为有限。然而，伴随着人口的迅速增加、生产规模的急剧扩张、经济密度的不断提高，全球性资源耗竭、环境污染、生态破坏问题达到了前所未有的程度，于是如何将生态环境要素内生于经济增长当中，如何协调好经济发展与生态环境保护之间的关系就成为环境经济学研究的主要内容。环境经济学中经济价值总额常常作为人们估计资源收益的基础。对环境产品与公共消费产品而言，经济价值总额 = 使用价值 + 选择价值 + 非使用价值，其中的间接使用价值是构成了环境资源无法定价的外部性的主要原因。旅游产业是典型的环境依赖型产业。传统观念中的空气、阳光等公共产品以及自然景观、风景河流等游憩环境都是没有价值的，扭曲了旅游开发成本的构成、低估了旅游成本水平，虚增了旅游创造的价值，产生了极为明显的外部不经济性。为了实现旅游可持续发展的目标，必须以环境经济学为指导，全面评估旅游资源的价值，实现环境成本的内在化。

2.3.2　旅游系统理论

系统（system）一词源于古希腊文，意为由部分组成的整体，它由相互联系的若干组成部分结合而成，系统要素之间通过物质、能量与信息的流动而彼此联系、相互作用，而这个有机整体又是它所从属的更大系统的组成部分。从整体的视角把握系统是系统思想的精髓与核心。现代旅游业是一个内容极其纷繁复杂的大产业，产业链长、涉及行业众多、要素组成丰富、影响大、地位高，传统研究手段显然对它无法驾驭，只有借助系统论的思想方能加以把握。

旅游系统是一个动态开放的系统，通过物流、人流、资金流、信息流将系统内外若干组成部分紧密结合，进而构成了一个内容复杂而结构有序的有机整体。从结构与功能的角度认识旅游系统的本质是把握旅游巨系统的基础，而空间维度的加入令功能系统模型变得更加立体而完善。当前研究者普遍重视研究系统各要素之间的关联，而对旅游系统与其所处的环境之间的影响重视不足，考虑到当前旅游业所依赖的瞬息万变的政治、经济、社会、文化、技术与自然环境以及系统内部要素非线性复杂的关系，加入环境影响与内部复杂性分析将成为未来旅游系统、旅游科学理论研究的重要方向。

2.3.3　复合生态系统理论

1984 年，生态学家马世骏与王如松在国际上首次提出城市生态系统是人类在改造和适应自然环境的基础上建立起来的由自然、经济、社会三大系统组成的特殊的人工生态系统，并指出在这一复合生态系统中，人的行为为主导、自然环境为依托、社会文化为经络、资源流动为命脉[111]。三大系统既有各自运行的规律，又相互作用形成整体；既相生相克，又相辅相成（见图2-4）。

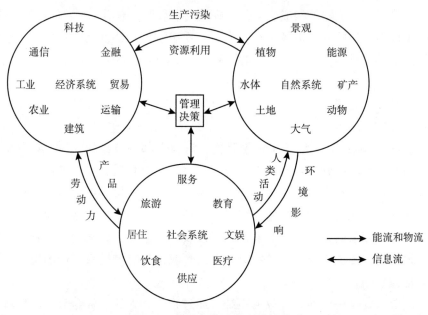

图2-4 城市复合生态系统的构成

资料来源：根据参考文献[112]整理绘制。

自然生态子系统以自然环境与生物为主线，为城市人口的社会活动提供空间，为经济活动提供支持、容纳、缓冲及净化；社会生态子系统以人口为中心，为经济系统提供劳力和智力的同时接受人类活动对环境的影响；经济生态子系统以资源为核心，物质从分散向集中高密度运转、能量从低质向高质高强度集聚、信息从无序向有序连续积累[111]。三大系统之间通过高度密集的物质流、能量流和信息流彼此作用、密切联系，其中人类的管理和决策起着决定性的调控作用。城市的生态管理必须体现生态学"天人合一"的系统观、"道法自然"的自然观、"巧夺天工"的经济观和"以人为本"的人文观，推进整合、适应、循环、自生型的生态调控[113]。

2.3.4 可持续发展理论

1972 年 6 月，联合国人类环境会议上通过了著名的《人类环境宣言》，郑重声明："保护环境就是保护全人类"。1987 年联合国世界环境与发展委员会（WCED）主席布伦特兰在其就职报告中提出了广为引用的"可持续发展"的定义，"既满足当代人需求，又不损害后代人满足其自身需求的能力"。同时强调，可持续发展并非静止的和谐状态，而是一个时时刻刻处于变化中的动态过程。虽然目前学术界对可持续发展理论在应用把握中存在不同的看法，但是 WCED 提出的"公平性""持续性""共同性"的可持续发展原则早已深入人心，成为全球普遍认同的追求人与自然、人与人和谐发展的准则。可持续发展的目标是实现经济—环境—社会复合系统持续、稳定、健康发展，其中生态可持续发展是基础，经济可持续发展是条件，社会可持续发展是目的。其最终目的是实现人口、资源、环境的协调发展（见图 2 - 5）。

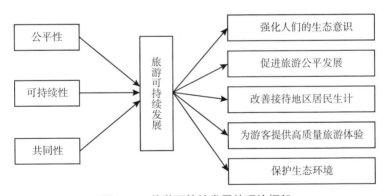

图 2 - 5　旅游可持续发展的理论框架

1995 年联合国环境规划署与世界旅游组织制定了《可持续旅游发展宪章》和《可持续旅游发展行动计划》，加快了可持续旅游的推广。然而时至今日，学术界对可持续旅游的认识如同可持续发展本身一样，存在一定的分歧。对可持续旅游的理解有四种观点极具代表性。一是对立论，将可持续旅游与大众旅游完全割裂并对立；二是连续集论，认为两者虽覆盖范围有所区别，但存在重合的可能；三是转变论，认为积极行动可推动大众旅游向可持续旅游转变；四是融合论，坚持各种形式旅游的发展都应以可持续发展为目标[7,72,114~115]。四种观点反映了人们对可持续旅游理解的时序性，究其产生此种认识争议的实质，在于人们对旅游可持续与人类社会可持续之间的关系认识存在差别。有学者认为"可持续旅游"（sustainable tourism）的提法过于强调了旅游业自身，与可持续发展整体观的指导思想存在一定的偏差，而"可持续发展背景下的旅游"（tourism in the context of sustainable development）则更为合适。本研究认同此种观点，对待可持续发展背景下的旅游发展，绝不能一叶障目、不见泰山，要本着长远的角度，以更广泛的视角，去理解旅游的发展与人类社会发展互为促进、协同共存与整体可持续发展的问题。可持续旅游应不仅追求旅游业内部的可持续，还需要以保持旅游产业自身可持续为前提，在更大范围内追求实现旅游业与其所处的自然生态、社会文化、区域经济等所有要素整体的可持续发展。尽管可持续旅游面临各种现实的制约，但它却是指引旅游业朝着正确方向做整体改变的奋斗目标。

可持续发展仍然是一个处于不断发展的概念，随着生态文明时代的到来，生态文明视角下的可持续发展进一步拓展了可持续发展的内涵。生态文明的社会发展观是人类从接受自然控制—进行自然探索—征服自然—自然与人类协调发展认识的进化，是可持续发展观向更高层次演化的体现。用生态文明思想指导旅游发展是当前旅游实现可持续发展的重要途径与手段。

第3章

基于生态文明视角的城市旅游
发展研究模型与理论体系

生态文明是对农业文明与工业文明的深刻变革，是人类文明跨入全新时代的标志，人类文明发展史的一个里程碑。对生态文明核心内容的理解，经历了人与自然共存共荣，到如今强调自然、社会、经济和谐共生，实现全面自由发展的认识升华，反映了在时代背景下，生态文明的内涵将是一个持续被挖掘的过程。人们应坚持动态与静态、宏观与微观、历史与现实相结合的视角，才能真正科学把握生态文明的内涵与要求。鉴于生态文明概念提出时间不长，基于生态文明视角的城市旅游发展研究尚处于起步阶段，还未能形成系统化的研究理论体系，为此本章从生态文明建设要求出发，构建城市旅游发展研究模型与理论体系，以求丰富和完善生态文明视角下的城市旅游发展研究理论，为促进城市旅游可持续发展奠定良好的基础。

3.1　生态文明视角下的旅游发展

3.1.1　生态文明建设解析

生态文明是中共十七大提出、十八大高度强调的科学发展观，它打破了传统工业文明逻辑，是生态哲学、生态伦理学、生态经济学、生态现代化理论等生态思想的升华与发展，是人类文明向更高层次演进的表现[116]。生态文明强调用马克思主义辩证统一的思想重新审视人与自然之间的关系，要求打破"人类中心主义"，将道德关怀从社会推广至自然环境，并将环境保护放置在与经济建设同等重要的地位，在实现人类发展过程中，追求人与自然、人与社会、人与人的互促共进、和谐发展。

目前，生态文明建设已被要求摆在建设的突出位置，渗透并贯穿于国家政治建设、经济建设、文化建设与社会建设中，形成共同支撑中国社会全面进步的"五位一体"式建设新格局。经济建设是实现生态文明建设的基础。通过强调环境保护与经济发展之间辩证统一的关系，促进工业文明时代重经济轻环保的发展观向环保与经济并重的生态文明科学发展观转变。政治建设是实现生态文明建设的保障条件，传统的政治建设重在处理人与人之间的关系，而生态文明理念下的政治建设将着重处理当代人与当代人、当代人与后代人、人类与自然之间的错综复杂的关系[116]。文化建设是生态文明建设的重要组成部分。欠缺稳固的生态文化观念是生态文明视角下文化建设的薄弱环节，绿色生产观、消费观、技术观、营销观等生态文化建设内容是当前文化建设的重点[117]。社会建设是生态文明建设的有效支撑，社会建设的核心是保障民生，民生的环境权益保障的好，生态文明建设的水平才会更高。综上分析，生态文明建设是统领中国全面建设的纲领，是实现中华民族伟大复兴战略的关键。

3.1.2　生态文明视角下的产业发展分析思路

我国现阶段主要矛盾已经转化为人民日益增长的美好生活需要和不平衡不充分的发展之间的矛盾，人民的需求明显呈现出多样化的特征，其中对健康生存环境的殷切渴望是我国社会发展新旧矛盾变化的重要体现。产业天然具有资本逐利的特性，在工业文明时代，产业发展往往在"人定胜天"的思维逻辑下追求通过规模的扩张以快速实现经济效益。而这种无视人与自然对立统一辩证关系的粗放式发展模式，最终使得我国经济发展不得不面临两大突出矛盾，一是经济总量扩张与自然资源的有限性以及自然资源生产率相对低下的矛盾；二是经济快速增长与环境容量有限以及环境容量利用效率相对低下的矛盾[116]。

生态文明正是对工业文明"人类中心主义"价值观深入反思的成果，强调人类在产业发展的同时必须尊重自然、爱护自然，以追求人与自然、社会、经济的和谐发展。生态文明视角下的产业发展，一方面需要不断创造财富以满足人类的需求，另一方面还需要兼顾"美丽中国"建设的要求，实现产业发展与生态文明建设协同发展[118]。

生态文明视角下的产业发展必须在理性对待经济发展对自然与环境带来的负面影响基础上，通过强化和谐发展的理念以尽可能消除经济发展对大自然稳定与和谐构成的威胁，用产业生态化、经济生态化的战略以避免经济发展再次陷入"经济逆生态化、生态非经济化"的误区，要坚持生态文明的可持续发展观，绿色消费、适度消费的消费观，资源有价的资源观，用更自然的方法改善人与自然关系的技术观，努力实现产业发展与生态化建设的和谐统一。要始终坚持生态保护优先、节约能源优先的原则，将绿色发展理念全面贯彻到产业结构优化及供给侧改革的各个环节。

3.1.3 生态文明视角下的旅游产业发展分析

2017 年，法国、意大利、西班牙、英国等欧洲国家的多个城市先后举行了规模浩大的反游客示威游行活动，抗议旅游开发与大批旅游者的涌入所带来的环境污染、生态破坏、资源占用的问题，其规模之大、情绪之激烈达到前所未有的水平。城市旅游可持续发展问题再度成为全球范围内广泛关注的热点话题。旅游业作为典型的环境友好型、资源依赖型产业，注定了它与生俱来便与资源、环境系统有着密不可分的联系。而长期以来，受短期利益的诱惑，旅游业正在以资源掠夺、环境破坏为特征的粗放型旅游发展模式使得旅游发展与资源及环境保护之间的矛盾日益尖锐。

生态文明作为继农业文明、工业文明之后新的文明形态，对其内涵的理解需要把握三个关键，即人与自然的关系、生态文明与现代文明的关系、生态文明建设与时代发展的关系。生态文明摒弃了传统漠视自然、滥用自然的错误观念，以追求人类与自然和谐共生为目标。城市作为最重要的旅游空间承载，其强大的创造经济与社会效益的能力一方面使得城市旅游产业成为城市经济发展的重要引擎。而另一方面，以资本为导向的大众旅游发展模式正在令旅游资源千疮百孔，甚至遭受无法逆转的严重破坏。无论是不顾专家学者在论证会上拍案离席却依然上马的××索道建设项目，还是以"世界上最高、载重量最大、运行速度最快的户外观光电梯"三项桂冠独步世界的××电梯项目都是旅游经营者在资源无价、唯经济增长发展观影响下，无视自然、追求利润最大化的典型负面事例。而在生态文明理念下的城市旅游发展则是要在保护生态环境、注重人与自然和谐发展的基础上追求旅游经济的可持续发展。

生态文明是现代人类文明的重要组成，是物质文明、精神文明、政治文明与社会文明蓬勃发展的坚实基础与前提保障。旅游业是典型的综合性产业，城市旅游产业不仅促进了城市经济、提升了城市精神、增强了城市价值，也是一个能开阔国民眼界、提升国民素养、弘扬社会正能量的重要产业，是加强物质文明、精神文明、社会文明建设的重要途径。《"十三五"旅游业发展规划》已明确提出"要坚持以人为本，把人民群众满意作为旅游业发展的根本目的，通过旅游促进人的全面发展，使旅游业成为提升人民群众生活品质的幸福产业"。而缺少良好与安全的生态环境，城市旅游必然会因为失去有效载体而丧失生命力。由此可见，生态文明不仅是城市旅游发展的必要前提，其追求人类全面进步的诉求也与城市旅游发展目标相契合。

生态文明是时代的必然选择。长期以来，自然资源无价的资源观、唯经济增长的发展观一直是社会信奉的价值取向。水、空气等环境被视为"无偿资源"的公共产品理论不仅扭曲了旅游开发的成本构成，又无形中虚增了旅游创造的价值，产生明显的外部不经济性。在依靠规模换取效益的粗放型旅游发展时代，旅游者的大量涌入使得城市原本有限的生态环境超出了自身调节的阈值，导致城市旅游处于随时可能崩溃的边缘。在生态文明建设的新时代，倡导在保护生态环境优先的前提下追求旅游产业与环境的耦合协调发展、旅游经济的可持续发展；在科学研究自然旅游资源与旅游环境承载力的基础上，倡导形成低碳旅游、生态旅游、绿色旅游、适度旅游的旅游消费观；倡导将生态环境因素内生于旅游经济增长中，通过法律、行政、经济等多种手段努力探索旅游生态补偿制度，以降低旅游产业的外部不经济性。让旅游产业发展的方方面面都能体现生态文明的要求，是新的文明时代旅游发展最显著的特征。

总体而言，按照生态文明对旅游可持续发展内涵的拓展，旅游可持续发展不应仅仅考虑旅游产业系统本身的可持续，而是应该以更广泛的视角、在更大的范围内追求旅游业与其所处的自然、社会、文化、经济等所有要素间的协调发展和整体的可持续发展。既要避免旅游产业发展走向"经济逆生态化"的极端，也要避免走向片面强调生态的"生态非经济化"的另一个极端，要努力在生态文明科学发展观指导下，寻求旅游发展在经济效益、社会效益、生态效益中的平衡，以实现综合效益最大化。

3.2　生态文明视角下的城市旅游发展研究理论模型

城市，作为区域经济最发达、商贸往来最频繁、人口最密集、产业最集中的地理空间，城市旅游注定是一种与城市经济、社会、文化、环境有着更加紧密互动关系的特殊旅游类型。影响城市旅游发展的因素林林总总，倘若想胡子眉毛一把抓，不仅难度可想而知，结果也未必能达到预期。为此，需要在生态文明科学发展观的指导下，通过构建研究模型以简化研究问题，抓住事物主要矛盾。按照生态和系统理论，建立分析与评价体系，以科学地分析城市旅游发展状态。进而，通过对比发展目标，找到影响城市旅游发展的瓶颈与制约因素，进一步提出对策与建议，最终实现推动城市旅游可持续发展的目标（见图 3－1）。

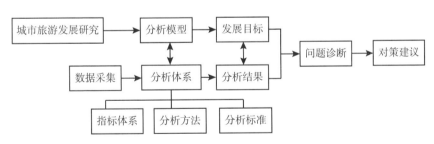

图 3－1　生态文明视角下的城市旅游发展研究思路

从系统论的思想来看，城市旅游是一个通过旅游产业链将众多行业部门紧密联系在一起的，以满足游客旅游需求为主要功能的复杂系统，该系统同时又是城市自然—经济—社会复合生态系统之下的子系统。通过向游客提供食、住、行、游、购、娱等核心服务，城市旅游系统必然会与城市自然系统、资源系统、经济系统、社会系统之间形成频繁的物质、能量与信息的交换，与城市复合系统各组成要素之间相互作用、彼此影响（见图3-2）。那么，按照生态文明的建设要求，衡量城市旅游产业发展状态，绝不能割裂产业系统与城市复合巨系统之间的关系，仅仅考虑产业系统的发展，而应当通盘考虑产业系统内部及产业系统与城市复合巨系统之间的状态与联系。

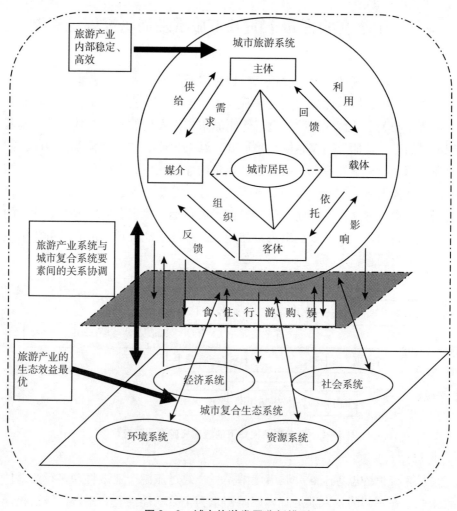

图3-2 城市旅游发展分析模型

结合生态文明公正、高效、和谐的核心理念，认为生态文明视角下的城市旅游发展，应重点把握三个关键：一是系统内部的状态，它是城市旅游产业本身是否稳定、健康的体现，是产业水平的整体反映，也是生态文明视角下体现产业发展公正性要求的重要体现；二是旅游生态效率，它是衡量旅游产业获得经济效益的同时所付出的环境成本的重要指标，是反映城市旅游发展趋势的重要因素，体现了生态文明指导下的产业发展对生态效率与经济效率的要求；三是旅游—经济—环境的关系，它是反映旅游产业系统与城市巨系统各要素之间耦合协调发展的程度，是生态文明理论精髓的体现，是生态文明价值观、发展观、伦理观的重要反映。

3.2.1 旅游系统状态

目前对旅游系统结构的研究中，普遍将外部环境置于旅游系统外围，忽视了部分与旅游直接相关的环境因素对旅游系统运行的支撑作用。按照生态文明建设的要求，城市旅游的可持续发展首先应以保证自身稳定、高效为前提条件。因此，对城市旅游系统状态的分析是生态文明视角下城市旅游发展研究的基础。

本书认为，如图 3-2 上半部分所示，城市旅游系统应该是在一定时空环境下，由城市旅游主体（旅游者）、城市旅游客体（旅游吸引物）、城市旅游媒介（旅游产业与基础设施条件）、城市旅游载体（旅游环境）、城市居民等五个子系统共同构成的一个"五维一体"式旅游复合系统。在该系统中，五个要素融为一体、相辅相成。其中，包括城市自然环境、社会环境、经济环境、政策环境的城市旅游载体被置于与旅游者、旅游产业、旅游吸引物同等重要的地位，一方面体现了城市旅游产业与其所处的外部环境之间通过物质、能量与信息交换的过程存在相互作用又彼此制约的紧密联系；另一方面，突显了城市旅游应以追求综合效益最大化为目标的本质。城市旅游媒介包括旅游产业以及帮助旅游者完成从客源地向目的地转移的旅游交通等基础设施，是实现城市旅游产业系统经济功能的核心，通过为城市旅游者提供各种旅游产品和服务以满足市场需求，为当地居民提供就业机会与收入来源，组成了城市旅游产业供给体系；旅游者作为城市旅游系统的主体，构成了城市旅游产业需求体系，是旅游媒介提供产品与服务的对象，也是当地居民获取收入和信息的源泉；城市旅游客体即城市旅游吸引物，不仅包括自然景观、人文资源、建筑与设施、公共绿地、城市公园，还包括城市文化、城市风貌、气候气象、民风民俗等一系列能够激发潜在旅游者前往的物质与非物质因素，是城市旅游产业部门组织产品与服务的依托。城市居民是当地文化的主要传承者，是城市旅游系统内文化功能的核心主体，为旅游者提供旅游服务和地域文化吸引物，为旅游产业部门提供劳力、资本、文化等资源。他们不仅是当地自然、社会、经济、文化利益的捍卫者，也是政府提供制度与公共产品支持的监督者。因此，在整个城市旅游系统中居于中心位置。

由以上分析可见，对城市旅游系统内部"五维一体"的城市旅游系统模型的构建能较好地反映旅游产业内部的结构，对其进行分析和评价将能够较好地反映城市旅游产业自身稳定性与运行高效性状态的程度，是生态文明视角下城市旅游发展研究模型中重要的组成部分。

3.2.2　旅游生态效率

旅游产业作为典型的资源依赖型产业，其产业性质注定了其与生态环境有着密不可分的相互关系。旅游产业利用旅游媒介这一旅游供给系统，以满足旅游者食、住、行、游、购、娱等旅游六大核心服务要素为界面形成复杂的旅游环境影响（见图 3 - 2）。按照生存与发展的辩证关系，在一定限度内，发展是对生存的完善和促进，但一旦超过了临界点，发展就反过来构成了对生存的威胁。按照这一规律，旅游的发展必须维持在生态系统吐故纳新、自我修复的能力范围内，一旦突破了生态阈值，旅游发展将会对生态环境造成巨大的破坏。当前，以资本为导向的大众旅游与以伦理为导向的替代性旅游将引导旅游产业发展走向"公地悲剧"与"反公地悲剧"的两个极端。

追求生态效率与经济效率是生态文明建设的核心要素之一，建设生态文明就是要解决好生态建设中的经济外部性和公平性的问题，在全社会范围内推行生态有价、资源有偿的理念，既要避免旅游产业"经济不生态化"，又要防止"生态化不经济"的误区。生态文明视角下的城市旅游发展必须平衡产业经济效益与生态效益之间的关系，追求以最低的环境影响求得最大的价值产出的发展目标。

旅游生态效率为实现该目标提供了有效的方法，利用"旅游活动—碳足迹—碳补偿"的思路，将整个旅游过程中的碳足迹按照旅游生命周期理论进行分解，进而通过各组成部分的碳足迹反映旅游产业的环境影响。基于旅游碳足迹的旅游生态效率从微观的视角衡量了旅游产业发展中的经济与环境效率比值，是生态文明视角下城市旅游可持续发展研究体系中必不可少的一个重要组成部分。

3.2.3 旅游产业—经济—环境协调关系

按照生态文明理念对可持续发展内涵的拓展，对待可持续发展背景下的旅游发展，必须本着长远的目光，以更广泛的视角，去理解旅游的发展与人类社会互为促进、协同共存与整体可持续发展的问题。无论是产业高水平下的低协调，或是产业高生态下的低效益，抑或是高协调性下的产业低水平都只是对可持续发展的片面理解，唯有在旅游系统内部保证自身稳定、高效运行基础上，并与外部系统实现优质协调才是生态文明科学发展观下城市旅游发展追求的目标。大量研究证实，旅游产业与城市生态环境、社会环境、经济环境之间存在共生互动、耦合发展的紧密联系。系统或系统要素之间只有配合得当、和谐一致、良性循环，才能保证系统或系统要素保持健康、可持续的发展状态。它不以追求某个系统或要素的"增长"为目标，而是通过有效的约束，使系统间综合效益实现帕累托最佳。

在构建研究模型过程中，通过参考大量文献，在理论分析基础上进行逻辑推演，最终确定了生态文明视角下城市旅游研究总体模型。该模型从旅游系统内部的稳定性、旅游产业对环境的影响、旅游系统与外部经济、环境系统耦合协调三个不同角度，同时兼具宏观、中观、微观三个层次，较好地体现了生态文明建设中公正、效率、协调的核心要素。其中，系统状态研究是基础，生态效率研究是核心，协调关系研究是重点。该研究模型为城市旅游可持续发展研究提供了较全面、系统的研究框架，为后续城市旅游可持续发展研究奠定了坚实的基础。

3.3　旅游系统状态分析方法

3.3.1　分析指标体系构建

为了尽可能完整、客观、科学地评价城市旅游产业的状态，在前文构建的城市旅游系统内部模型的基础上，采用理论分析与专家咨询相结合的方式对指标从上至下逐层设定，经三轮专家咨询反馈，剔除了不恰当指标，最终构建了完整的 SOMCL 指标体系（见表 3 - 1）。其中，S 代表旅游主体（tourism subject），即城市旅游者，下设旅游者身体健康、文化水平、消费水平、旅游意愿等 4 个二级评价指标，人均预期寿命、人口平均受教育年限、万人在校大学生数、恩格尔系数、居民人均可支配收入、年平均出游次数、旅游人均次花费等 7 个三级评价指标。O 代表旅游客体（tourism object），即城市旅游吸引物，包括景观价值与产品功能 2 个二级指标，观赏美观度与奇特度、3A 以上景点数量、环保教育功能、消遣娱乐功能、探索新知功能等 5 个三级指标。M 代表城市旅游媒介（tourism media），包括为旅游者提供产品与服务的旅游产业以及为旅游活动提供支撑的交通基础设施。对城市旅游媒介的评价下设旅游市场规模、旅游要素结构、旅游人力资源、旅游服务水平、基础设施条件等 5 个二级指标，入境旅游人数、旅游外汇收入、国内旅游人数、旅游总收入、星级以上饭店总数、旅行社总数、旅游从业人数、旅游院校学生人数、旅游解说系统满意度、信息服务满意度、公路旅客周转量、铁路旅客周转量、民用航空客运量、市内公共交通出行率、城区公交站点 500 米覆盖率等 15 个三级指标。字母 C 代表城市旅游载体（tourism carrier），包括自然生态环境、社会经济环境等 2 个二级指标，空气质量优良达标率、饮用水源水质达标率、森林覆盖率、人均公共绿地面积、环境污染治理投资占 GDP 比例、人均 GDP、单位 GDP 能耗、第三产业占 GDP 比重、万人拥有病床数等 9 个三级指标。字母 L 代表城市居民（local residents），下设居民参与、利益保护 2 个二级指标，当地居民参与态度、当地居民参与效果、地方经济利益保护、地方文化利益保护等 4 个三级指标。由此，最终形成了由 5 个一级评价指标、15 个二级评价指标以及 40 个三级评价指标共同组成的城市旅游系统内部状态评价指标体系。

表 3 – 1   城市旅游系统内部状态分析指标体系

一级指标	二级指标	三级指标/单位
城市旅游主体（S）	身体健康	人均预期寿命（岁）
	文化水平	人口平均受教育年限（年）
		万人在校大学生数（人）
	消费水平	恩格尔系数（%）
		居民人均可支配收入（万元）
	旅游意愿	年平均出游次数（次）
		旅游人均次花费（元）
城市旅游客体（O）	景观价值	观赏美观度与奇特度（分）
		3A 以上景点数量（个）
	产品功能	环保教育功能（分）
		消遣娱乐功能（分）
		探索新知功能（分）
城市旅游媒介（M）	旅游市场规模	入境旅游人数（万人次）
		旅游外汇收入（亿美元）
		国内旅游人数（百万人次）
		旅游总收入（亿元）
	旅游要素结构	星级以上饭店总数（个）
		旅行社总数（个）
	旅游人力资源	旅游从业人数（万人）
		旅游院校学生人数（万人）
	旅游服务水平	旅游解说系统满意度（分）
		信息服务满意度（分）
	基础设施条件	公路旅客周转量（亿人/公里）
		铁路旅客周转量（亿人/公里）
		民用航空客运量（万人）
		市内公共交通出行率（%）
		城区公交站点 500 米覆盖率（%）

续表

一级指标	二级指标	三级指标/单位
城市旅游载体 （C）	自然生态环境	空气质量优良达标率（%）
		饮用水源水质达标率（%）
		森林覆盖率（%）
		人均公共绿地面积（平方米/人）
		环境污染治理投资占 GDP 比例（%）
	社会经济环境	人均 GDP（万元）
		单位 GDP 能耗（吨标煤/万元 GDP）
		第三产业占 GDP 比重
		万人拥有病床数（张）
当地居民 （L）	居民参与	当地居民参与态度
		当地居民参与效果
	利益保护	地方经济利益保护
		地方文化利益保护

3.3.2 分析方法选择

由于城市旅游系统状态是一个复杂系统现象，受多个方面因素限制，要判断其水平比较适合利用属性理论和属性综合评价模型。

属性理论是完成对事物或自然现象属性的定性描述向定量化描述的理论，在属性理论的基础上通过对属性集和属性测度的研究，建立了属性综合评价模型[119]。其所解决的数学问题是针对某个研究对象空间（简称研究空间 X），建立属性空间 C，存在属性集 $C = \{C_1, C_2, C_3, \cdots, C_n\}$，对研究空间中的一个元素 x_i 存在多个评价指标，对于每个评价指标可以看作这个研究对象的一个方面特征。已知评价对象 x_i 在各个评价指标的样本值，通过判断 x_i 在每一指标所属属性集后，再通过各个评价指标的权重，综合评价研究对象 x_i 的属性。

建立城市旅游系统状态属性综合评价模型。首先，确定研究空间 $X = \{$城市集合$\}$，x_i 为研究对象中第 i 个城市，建立属性空间 $C = \{$健康度$\}$，将

C 分为 5 个属性集（评价类），$C_1 = \{病态\}$，$C_2 = \{不健康\}$，$C_3 = \{亚健康\}$，$C_4 = \{较健康\}$，$C_5 = \{很健康\}$。其次，确定评价指标体系和评价标准。最后，确定评价方法对健康度属性进行分析和判断。

按照属性综合评价模型[146]，研究对象属性综合评价分两个步骤：一是对单指标属性判断，也就是得到单指标的属性测度向量 $\{\mu_{ik}\}$，表示该指标属于属性 C_k 的程度；二是通过加权获得综合属性测度向量，通过属性测度向量可以进行研究对象属性的综合评价。

1. 单指标健康评价

设第 i 个城市的旅游生态系统发展状态第 j 个指标测量值（计算值或实测值）为 x_{ij}，"$x_{ij} \in C_k$" 表示 x_i 属于第 k 类 C_k，即具有属性 C_k 的属性测度[120]

$$\mu_{ijk} = \mu(x_{ij} \in C_k), \ 1 \leqslant i \leqslant n, \ 1 \leqslant j \leqslant m, \ 1 \leqslant k \leqslant 5,$$

$$\sum_{k=1}^{5} \mu_{ijk} = 1 \tag{3.1}$$

其中，n 表示研究空间中的城市数，m 表示评价指标数。

属性测度计算是属性数学方法的关键，确定属性测度函数是属性测度计算的核心。从现有文献来看，主要有线性属性测度函数和非线性属性测度函数两类[121~123]。线性属性测度函数主要有梯形分布、三角分布组合构成的属性测度函数，采用分段线性组合的测度函数；非线性属性测度函数主要有正态分布函数等。采用线性属性测度函数优点是计算简单、结果直观，但是由于在实际各指标测度时其属性测度的变化是非常复杂的，基本上都是非线性分布，采用线性测度函数往往会存在准确度不够的问题。因此，为了提高评价精度，需要采用非线性分布的属性测度函数，选择正态分布函数作为属性测度函数。

设 (r_{ijk}, r_{ijk+1}) 为第 i 个城市生态系统第 j 个指标的第 k 级评价分类标准取值区间，令

$$b_{ijk} = \frac{(r_{ijk} + r_{ijk+1})}{2} \tag{3.2}$$

$$c_{ijk} = \frac{|r_{ijk+1} - r_{ijk}|}{2\sqrt{\ln 2}} \tag{3.3}$$

对正向指标（指标值越大越健康，$a_{ij0} < a_{ij1} < \cdots < a_{ijk} < a_{ij5}$）和负向指标

（指标值越大越不健康，$a_{ij0} > a_{ij1} > \cdots > a_{ijk} > a_{ij5}$），$x_{ij}$ 属于 C_k 属性集的属性测度函数 $\mu_{ijk} = \mu(x_{ij} \in C_k)$ 均为

$$\mu(x_{ij} \in C_k) = e^{-\left[\frac{x_{ij} - b_{ijk}}{c_{ijk}}\right]^2} \qquad (3.4)$$

上式得出的 $\mu_{ijk} = \mu(x_{ij} \in C_k)$ 不一定满足式（3.1）的条件，因此由式（3.4）得出的属性测度 $\mu_{ijk} = \mu(x_{ij} \in C_k)$ 需要进行归一化处理。

在获得归一化的向量 μ_{ijk} 后，下一步是确定研究对象 x_i 属于某个属性。按照以下公式计算：

$$g_0 = \min\left\{g : \sum_{j=g_0}^{5} \mu_{ijk} \geq \lambda\right\}，\text{其中} \lambda \text{为置信度。}$$

按照置信度准则[108]，置信度 λ 取值区间为（0.6，0.7）。

2. 多指标综合健康度评价

以上获得的是单指标，即表 3 – 1 中三级指标的属性测度向量，假设三级指标相对于目标层的权重向量 $w = (w_1, w_2, w_3, \cdots, w_m)$，根据单指标属性测度向量，第 i 个城市的生态系统具有属性 C_k 的多指标综合属性测度：

$$\mu_{ik} = \sum_{j=1}^{m} w_i \times \mu_{ijk} \qquad (3.5)$$

由 μ_{ik} 构成的向量 $\mu_i = (\mu_{i1}, \mu_{i2}, \mu_{i3}, \mu_{i4}, \mu_{i5})$ 为第 i 个城市的生态系统具有属性 C_k 的多指标综合属性测度。对一级指标层的多指标综合属性测度进行属性识别就构成了一级指标层综合评价，对二级指标层的多指标综合属性测度进行属性识别就构成了二级指标层的综合评价结果。

3.3.3 指标权重确定

AHP 层次分析法是由美国匹兹堡大学教授萨蒂（T. L. Saaty）于 20 世纪 70 年代中期提出的一种典型的主观赋值方法[124]。其基本思想是把一个复杂的问题层层分解，从而形成一个有序的层次结构，继而通过两两比较的方式以确定层次中诸因素的相对重要性，层层递阶归并，最终获得各级目标权重。具体步骤如下：

（1）建立评价层次结构模型。首先需要将评价的目标进行逐层分解，建立起递阶层次结构。递阶的层次与评价的复杂程度和所需分析的详细程度相

关，一般情况下由目标层、准则层、方案层三个层次构成。

（2）构造判断矩阵。通过对各项指标两两对比，根据重要性对其重要程度进行赋值，得到 $n \times n$ 判断矩阵 $A^{[124]}$。矩阵 A 中元素 a_{ij} 代表第 i 个指标与第 j 个指标的相对重要程度。a_{ij} 的取值含义和比例标度见表 3-2。判断矩阵中，$a_{ij} > 0$，$a_{ij} = \dfrac{1}{a_{ji}}$，$a_{ii} = 1$。

$$A = \begin{bmatrix} a_{11} & a_{12} & a_{13} & \cdots & a_{1n} \\ a_{21} & a_{22} & a_{23} & \cdots & a_{2n} \\ a_{31} & a_{32} & a_{33} & \cdots & a_{3n} \\ \vdots & \vdots & \vdots & \vdots & \vdots \\ a_{n1} & a_{n2} & a_{n3} & \cdots & a_{nn} \end{bmatrix}$$

（3）计算单一准则下指标的相对权重。采用 AHP 层次分析法中的特征根法，求解判断矩阵的最大特征根 $\lambda_{\max}$ 及其所对应的特征向量 W，在满足一致性检验要求条件下，得出各指标权重。

①计算判断矩阵每一行元素乘积 M_i。

$$M_i = \prod_{j=1}^{n} a_{ij} \, (i = 1, 2, 3, \cdots, n; j = 1, 2, 3, \cdots, n) \qquad (3.6)$$

②计算乘积 M_i 的 n 次方根。

$$\overline{W}_i = \sqrt[n]{M_i} \ (i = 1, 2, 3, \cdots, n) \qquad (3.7)$$

式中：n 为评价因子数目。

③对 n 次方根 $\overline{W}_i$ 归一化处理。

$$W_i = \frac{\overline{W}_i}{\sum\limits_{i=1}^{n} \overline{W}_i} \qquad (3.8)$$

则 $W = [W_1, W_2, \cdots, W_n]^T$ 为所求的特征向量。

④计算判断矩阵的最大特征根 $\lambda_{\max}$。

$$\lambda_{\max} = \sum_{i=1}^{n} \frac{(AW)_i}{nW_i} \qquad (3.9)$$

式中：$(AW)_i$ 为向量 AW 的第 i 个因素。

⑤完成对判断矩阵的一致性检验。

$$CI = \frac{\lambda_{\max} - n}{n - 1} \qquad (3.10)$$

$$CR = \frac{CI}{RI} \tag{3.11}$$

式中：CI 是一致性指标；CR 为一致性比率；RI 可由多次重复性计算经验值表给出（见表 3-3）。若 $CR < 0.1$ 时，一般认为判断矩阵一致性可以接受，否则需要调整直至满意为止。满足一致性要求的特征向量 $[W_1, W_2, \cdots, W_n]^T$ 为所求的各评价指标的权重。

表 3-2　　　　　　　　　　　　比例标度[124]

a_{ij} 取值	代表含义
1	因素 x_i 与因素 x_j 同等重要
3	因素 x_i 比因素 x_j 稍微重要
5	因素 x_i 比因素 x_j 明显重要
7	因素 x_i 比因素 x_j 强烈重要
9	因素 x_i 比因素 x_j 极端重要
2、4、6、8	分别为介于两判断值之间的中间值

表 3-3　　　　　　　　　　　　平均随机一致性指标[125]

矩阵阶数	RI	矩阵阶数	RI
1	0	6	1.26
2	0	7	1.36
3	0.58	8	1.41
4	0.90	9	1.45
5	1.12	10	1.49

（4）计算各层指标权重。为了得到递阶层次结构中每一层指标相对于总目标的相对权重，需要对计算结果适当整合并进行总体一致性检验。

假设第 $n-1$ 层元素 $B_1, B_2, B_3, \cdots, B_n$ 相对于总目标的相对权重为 $b_1, b_2, b_3, \cdots, b_n$，第 n 层元素 $C_1, C_2, C_3, \cdots, C_n$ 在第 $n-1$ 层第 j 个元素作

为准则下的指标相对权重为 c_{1j}，c_{2j}，c_{3j}，$\cdots$，c_{nj}，$j \in (1, 2, 3, \cdots, m)$。则第 n 层指标权重为：

$$R_j = \sum_{j=1}^{m} b_j c_{ij}$$
$$i \in (1, 2, 3, \cdots, n),\ j \in (1, 2, 3, \cdots, m) \qquad (3.12)$$

如果 n 层的某些指标对 $n-1$ 层第 j 个因素的一致性指标为 CI_j，相应的平均随机一致性指标即为 RI_j，则 n 层总排序的一致性检验为：

$$CR = \frac{\sum\limits_{j=1}^{m} c_j CI_j}{\sum\limits_{j=1}^{m} c_j RI_j} \qquad j \in (1, 2, 3, \cdots, m) \qquad (3.13)$$

当 $CR \leqslant 0.10$，认为总层次排序结果具有满意的一致性。

3.3.4 分析标准确立及结果运用

在建立城市旅游系统内部发展状态评价指标体系过程中，本着从宏观—微观、从微观—具体，同时兼顾指标数据可获得性的原则，对所有指标均进行了细致的斟酌与把握。为了达到健康评价的目的，在提出评价体系的同时，依据我国对健康城市的标准、国家环境保护局对健康城市建设的要求，对所有指标均划分为病态、不健康、亚健康、较健康和很健康 5 个等级。对指标区间划分标准如下：①涉及自然生态与社会经济环境、城市旅游主体中对身体健康、文化水平、消费水平等具体指标均参照国内外公认的健康城市、生态城市、国际大都市标准或国内园林城市、环保示范城市的建议值。②对评价体系中所有主观性评价的健康区间划分均在征询专家意见后最终确定。根据征询专家意见，将主观评价类指标的健康度划分如下：＜60 分为病态、60～70 分为不健康、70～80 分为亚健康；80～90 分为健康、＞90 分为很健康。③对于没有建设标准的客观性指标，其健康区间的确定需要选择参照对象，根据参照对象指标表现的最优值与最劣值进一步确定区间的划分。总体而言，参照对象选取需格外谨慎，其选择合理与否将直接影响属性综合测度结果的客观性与真实性。在第 5 章，将结合西安市具体情况进行详细的实证研究。

在对以上内部状态分析指标体系的运用过程中，能够由上至下逐级锁定发展短板。根据属性隶属度等级评价的结果，首先能够发现在 5 个一级指标的发展水平，对其原因的剖析可进一步通过利用二级，乃至三级具体指标的健康表现予以解释，这样就形成了一个由上到下，逐层递进的研究脉络，能够准确识别影响旅游产业内部稳定、高效状态的关键因子，为后续城市旅游产业内部水平的提升策略研究提供具体的方向指引。

3.4　旅游生态效率分析方法

大量研究表明，温室气体的大量排放是加剧全球气候变暖的主要原因，而人类活动又是造成温室气体过度排放的罪魁祸首。旅游产业不仅是全球气候变化的受害者，也是全球气候变化的推动者。据世界旅游组织（UNWTO）测算，全球碳排放约 3.9% ~ 6% 来自旅游业，若将其他温室气体计算在内，该比例将增至 5% ~ 14% 之间（UNWTO，2008）。因此，如何应对气候变暖的问题，是旅游业在实现可持续发展过程中必须面对的一个现实问题。旅游生态效率根植于生态效率，用以评价实现旅游经济效益的生态与环境代价。在追求旅游产品与服务价值提升的同时，以最大限度地降低自然与能源消耗是旅游生态效率的理念核心，也反映了生态文明理念倡导的价值取向。城市，作为承担旅游接待最重要的空间支撑，其旅游生态效率水平对城市生态环境影响的表现将更为剧烈。为此，笔者利用旅游生态效率为切入点进行旅游产业与环境影响的关系研究。

3.4.1　分析指标体系构建

自高斯林（Gössling，2005）首次明确提出旅游生态效率的概念以来，旅游生态效率就被看作是传统生态旅游、可持续旅游、绿色旅游的进一步延伸。梳理国内外旅游生态效率的已有研究成果，可以将旅游生态效率的测度方法归为三类，分别为单一比值法、指标体系法和模型法。由于我国旅游业不属于独立的国民经济账户体系，同时绝大部分省份旅游卫星账户建设滞后，造成大量国内旅游业投入产出数据无从获取，使得利用指标体系法与模型法测度国内旅游生态效率变得困难重重。相比之下，更多研究选择采用基于世界可持续发展工商理事会（WBCSD）关于生态效率定义的单一比值法，旅游收益变量主要选择旅游业直接收入，旅游环境影响一般使用旅游碳足迹、旅游能耗、旅游地土地利用、耗水量、化石燃料消耗等变量[126]。

　　遵循测度的可操作性原则，本书亦采用单一比值法对旅游生态效率进行测度，以旅游业收入代表旅游收益、用旅游碳足迹代表旅游环境影响。其中，旅游碳足迹总量由旅游餐饮、旅游住宿、旅游交通、旅游活动（由游览与观光合并）等四个旅游过程中最重要的碳排放来源的碳足迹求和获得。旅游碳足迹是指旅游产品生产和消费活动所排放的温室气体质量，一般采用 CO_2 排放量为测度单位，使用碳足迹变量符合国际研究的主流，也与原有传统碳排放研究保持了一致[127]（见表 3 - 4）。

表 3 - 4　　　　　　单一指标法进行旅游生态效率测量的常用指标

评价目标	指标类别	指标构成
旅游生态效率	旅游业环境影响指标	旅游碳足迹
		旅游生态足迹
	旅游业经济效益指标	旅游业总收入
		旅游产业增加值

　　用生态足迹表达效率，利用目前普遍接受的由世界可持续发展工商理事会（WBCSD）提出的生态效率定义，构建旅游生态效率评价模型。国际研究中，对生态效率通常有两种模型，被称为生态效率第一模型与第二模型，两者分别以 ¥/$kgCO_{2-e}$、$kgCO_{2-e}$/ ¥ 为单位，两者互为倒数。

$$第一模型：旅游生态效率 = \frac{旅游收入}{旅游生态足迹}$$

$$第二模型：旅游生态效率 = \frac{旅游生态足迹}{旅游收入}$$

3.4.2　分析方法选择

　　1995 年，第 21 届旅行与旅游产业大会提出"能源消耗与资源管理是旅游业发展的关键领域"，标志着旅游碳足迹的研究正式进入起步阶段[128]。斯蒂芬（Stefan，2002）首次提出旅游业碳排放的分析方法[129]。之后，来自世界旅游组织（UNWTO）、世界旅游及旅行理事会（WTTC）、政府间气候变化专门委员会（IPCC）、全球生态足迹网（Global Footprint Network）等组织的贝肯（Becken）、佩特斯（Peeters）、斯蒂芬（Stefan）、皮彻尼尔森（Perch-nielsen）等欧美、澳洲专家与学者对碳足迹测度研究做出了重大贡献[130~133]。我国在旅游碳足迹领域研究开展相对较晚，直到2007年，相关研究才开始出现，2012年以后，旅游碳足迹研究陆续得到学者们的关注。

目前对旅游碳足迹测算的方法主要有两种：一种是"自上而下"的环境投入产出分析法（Bottom-up Based）。主要是利用旅游卫星账户与区域投入产出表来计算旅游业能源消耗量，从而计算其碳排放量。另一种是"自下而上"的过程分析法（Top-down Based）。它依据生命周期理论（LCA），对旅游产品或服务从原材料采集、加工、使用以及到用后处理的全过程的碳排放量进行跟踪和定量分析。研究者们或从游客角度，或从企业角度或从旅游目的地角度进行了旅游者碳足迹、旅游产品碳足迹或旅游目的地碳足迹的测算[127]。国外学者往往利用以上两种方法对旅游碳足迹进行估算。相比之下，国内学者更多采用后者"自下而上"过程分析法，其原因有二：一是国内旅游卫星账户尚处初建阶段，很多省份旅游卫星账户工作推进不利，导致从国家或地区层面的旅游能耗统计与碳排放监测数据无从获取；二是使用"自下而上"法有相对成熟的碳足迹计算标准可供参考。

1. 旅游碳足迹综合模型

依据旅游生命周期理论（LCA），旅游者从客源地—旅游目的地—返回旅游客源地完整的旅游过程中在"食、住、行、游、购、娱"六个方面直接或间接产生的碳排放量的总和即旅游碳排放总量[134]。鉴于游客购物随意性大、购买范围广，所购商品也并非一定为本地生产而导致商品在贸易中存在碳排放转移问题，加之从国外既有研究成果来看，因旅游购物所产生的碳排放量比例并不大，因此暂且对旅游购物环节产生的碳排放量忽略不计（见表3-5）。同时，由于游客的游览参观过程中往往伴随着娱乐体验项目，两者通常难以彻底剥离，为此在研究中特将"游""娱"合并为旅游活动进行测度，构建旅游碳足迹综合模型如下：

$$TE_{总} = \sum_{i=1}^{4} TE_i = TE_{餐} + TE_{住} + TE_{行} + TE_{活动}$$

式中，$TE_{总}$ 为旅游业碳排放总量，TE_i 为旅游过程中餐饮、住宿、交通、旅游活动四个环节的碳排放量。

表 3-5　　　　　　　　　旅游过程各环节碳足迹产生的来源清单

项目	主要活动场所	主要消耗的物质类型	主要消耗的能源类型
食	宾馆、饭店、度假村、农家乐等	粮食、蔬菜、肉、禽、蛋、奶等主要食物在生产、加工、仓储、运输、消费过程中产生的碳足迹	一次能源煤炭、天然气二次能源（如石油制品、蒸汽、电力、太阳能等）
住	宾馆、饭店、度假村、农家乐等	游客在住宿过程使用照明、洗涤、加热、制冷等设施设备产生的碳足迹	一次能源煤炭、天然气二次能源（如石油制品、蒸汽、电力、太阳能等）
行	火车、汽车、飞机、轮船等	包括出发地到目的地往返"大交通"与在目的地内部的本地交通产生的碳足迹	二次能源（如石油制品、蒸汽、电力、太阳能等）
旅游活动	旅游景区、度假村、游泳馆、游乐场、高尔夫球场等	包括景区景点为维系游览活动的正常运行而消耗能源与因提供各种娱乐体验项目服务产生的碳足迹	一次能源煤炭、天然气二次能源（如石油制品、蒸汽、电力、太阳能等）

2. 旅游餐饮碳足迹模型

旅游餐饮碳足迹用来测算旅游者在旅游过程中因用餐而产生的碳排放量。由于游客消耗的食物种类不同，碳排放量的大小存在较大差别。为了减少计算误差，在参考了大量相关研究基础上，结合实际对食物能源密度的参数进行修订，从而可以较合理的测算出不同食物种类的碳排放量。

在借鉴相关研究成果基础上，构建如下旅游餐饮碳足迹模型：

$$TE_{餐} = D \times T \times \frac{\mu_{co_2} \sum N_i \rho}{365} \tag{3.14}$$

式中的变量分别为：

$TE_{餐}$——旅游餐饮 CO_2 排放量，单位是 kg；

D——旅游者在目的地停留的平均天数，单位是天；

T——目的地游客总数量，单位是人；

μ_{co_2}——CO_2 标准排放量的转化系数；

N_i——第 i 种食物人均全年消费量，单位是 kg/人；

ρ——第 i 种食物的能源密度，单位是 MJ/kg（参数见表 3－6）。

表 3－6　　　　　　　　　　餐饮食品能源密度

食物种类	能源密度 MJ/kg	食物种类	能源密度 MJ/kg
粮食	4	禽肉类	80
蔬菜及食用菌	1	蛋类及蛋制品	65
油脂	8	鱼类及水产	100
猪肉	21	酒类	4

说明：根据参考文献［135］［136］修订。

3. 旅游住宿碳足迹模型

旅游住宿碳足迹旨在计算旅游者在住宿过程中使用照明、洗涤、加热、制冷等设施设备以及产生的生活垃圾等形成的直接和间接的碳排放。不同等级的住宿单位因提供服务类别、接待规模、清洁能源利用水平的不同，人均每晚碳排放量的标准值也存在较大区别（见表 3－7）。为积极响应"低碳旅游""绿色出行"的国家号召，全国各级住宿接待单位都在鼓励游客减少一次性生活用品的使用，呼吁民众养成节水节电的环保习惯，尤其是现代化节能设施设备的投入和使用，大大减少了游客因住宿而产生的 CO_2 排放。

$$TE_{住} = \sum_i H_i \times T \times D \times P_i \qquad (3.15)$$

式中的变量分别为：

$TE_{住}$——旅游住宿碳足迹，单位是 kg；

H_i——第 i 类住宿方式人均每晚的碳排放量，单位是 kg/人；

T——旅游者总人数，单位是人；

D——旅游者平均停留天数，单位是天；

P_i——第 i 类住宿设施利用率。

表3-7   不同住宿方式碳排放参数

住宿接待设施	人均每晚碳排放量（kg/visitor·night）
星级酒店	20.6
家庭旅馆	15.9
度假村	14.3
社会宾馆	14.0
B&B	4.14
露营	1.36

说明：根据参考文献［137］［138］修订。

4. 旅游交通碳足迹模型

大量研究表明：旅游交通能源消耗与 CO_2 排放占旅游业能源消耗与碳排放总量的90%以上[139~141]。据 IPCC 报告显示，过去10年里全球 CO_2 排放总量增加了13%，源自交通工具的碳排放量增速高达25%。毋庸置疑，旅游交通是旅游产业节能减排的关键。旅游交通涵盖面广，碳足迹来源复杂，为此将旅游交通碳足迹研究范围限定在旅游者往返于客源地与目的地之间的旅游"大交通"以及在目的地内部的本地交通而产生的 CO_2 排放，对景区内游览车（包括电瓶车、缆车等）产生的碳足迹暂且不做考虑。

国内学者对旅游交通碳足迹的测算基本都是借用国外相关研究的经验，参考高斯林（Gössling，2005）的旅游交通碳排放计算公式，构建旅游交通碳足迹模型：

$$TE_{行} = \sum (P_i \cdot D_i \cdot \beta_i \cdot \varepsilon_i) \tag{3.16}$$

式中的变量分别为：

$TE_{行}$——旅游交通碳足迹，单位为 kg；

P_i——乘坐第 i 类交通工具的游客人数，单位为人；

D_i——乘坐第 i 类交通工具一次行驶的距离，单位为 km；

ε_i——第 i 类交通工具的均衡因子。

β_i——第 i 类交通工具 CO_2 排放强度，单位为 kg/pkm，计算公式为：

$$\beta_i = \frac{F_i}{E_i \cdot \varphi_i} \tag{3.17}$$

式中：

F_i——第 i 类交通工具消耗每升化石燃料所产生的 CO_2 排放量，单位为 kg/l；

E_i——第 i 类交通工具消耗每升燃料可行驶的距离，单位为 km/l；

φ_i——第 i 类交通工具平均每次载客量，单位为人。

在对旅游交通碳足迹测算中，引入均衡因子参数 ε_i，用以核准各种交通工具的标准碳排放量（见表 3 – 8）。

表 3 – 8　　　　　　　　　旅游交通碳足迹计算相关系数

交通方式	CO_2 排放强度 β_i (kg/pkm)	均衡因子 ε_i	交通方式	CO_2 排放强度 β_i (kg/pkm)	均衡因子 ε_i
飞机	0.15	1.07	城市公共交通	0.075	1.05
火车	0.025	1.05	步行/自行车	0	——
大巴	0.018	1.05	游轮	0.07	1.05
自驾车	0.115	1.05	其他	0.115	1.05

说明：根据参考文献［142］［143］修订。

5. 旅游活动碳足迹模型

随着旅游业规模与档次的不断提高，旅游者越来越重视娱乐活动的参与和体验。娱乐与游览两个环节往往相互交织，无法完全剥离。因而，将旅游过程环节"娱"和"游"合并为"旅游活动"。对旅游活动碳足迹的测度主要包括景区景点为维系游览活动正常运行，以及因提供各种娱乐体验项目与服务而产生的碳足迹。不同类型的旅游活动产生的碳足迹值也不同（见表 3 – 9），在借鉴国外对旅游者参与的不同旅游活动产生的碳排放测算经验基础上，建立如下旅游活动碳足迹模型：

$$TE_{活动} = \sum_i T \times P_i \times \mu_i \times \beta_i \qquad (3.18)$$

式中的变量分别为：

$TE_{活动}$——旅游交通碳足迹，单位为 kg；

T——旅游者总人数，单位为人；

P_i——参与第 i 类旅游活动的旅游者比例，单位为% ；

μ_i——旅游者参与第 i 类旅游活动的平均参与频次；

β_i——第 i 类旅游活动参与一次的 CO_2 排放强度。

表 3 - 9 各种旅游活动的能源消耗与碳排放系数

旅游活动类型	旅游活动名称	能源消耗（MJ）	碳排放系数（kg/visitor frequency）
吸引物	自然观光	8.5	0.417
	历史遗迹参观	3.5	0.172
	主题公园	8.5	0.417
娱乐	观看演出	3.5	0.172
	节庆会展	3.5	0.172
活动	垂钓	26.5	1.67
	游泳/潜水	35.1	2.24
	温泉/休闲度假	35.1	2.24
	皮划艇运动	35.1	2.24
	高尔夫	236.8	15.3
	使用动力的水上活动	236.8	15.3
	冲浪/沙滩	35.1	2.24

说明：根据参考文献 [144] [145] 修订。

3.4.3 分析标准确立及结果运用

用旅游生态效率来分析城市旅游可持续发展水平，既可以满足生态效率的可测量性的要求，又充分兼顾了旅游经济与生态环境效益的平衡，是一种全面、有效的评价方法。在对城市旅游生态效率的具体估算之后，如何为城市旅游生态效率设定评价标准，截至目前尚未见学术界有类似研究成果可供参考，成为研究的一个难点。

部分学者根据阿塞尔曼（Hasselmann，2003）[146] 等人的研究成果，即利用"可持续发展的旅游目的地 CO_2 排放水平应该是在现有的基础上降低

80%"的研究结论作为实证研究中旅游生态效率可持续阈值划定的标准。但很明显，缺少了阿塞尔曼等人的研究背景，将此结论不分实际推而广之，明显存在很大的漏洞。如在国内已有研究中，张家界与海南的旅游生态效率本就已经相差29倍之多[147~148]，其可持续发展阈值再以此生搬硬套明显不妥。

根据中国国家统计局出版的《国际统计年鉴2005》（*International Statistics Year Book* 2005）中的重要结论"世界生态效率平均水平为1.43\$/kgCO$_{2-e}$，中国平均水平为0.38\$/kgCO$_{2-e}$"[149]，参照2005年美元与人民币兑换率8.1013进行单位换算，平均水平分别为11.585￥/kgCO$_{2-e}$与3.078￥/kgCO$_{2-e}$。为了与旅游效率单位kgCO$_{2-e}$/￥保持一致，再分别对数值求倒数，即可得到世界生态效率平均水平为0.086kgCO$_{2-e}$/￥、中国生态效率平均水平为2.632kgCO$_{2-e}$/￥。由此可知，国内生态效率与世界平均水平存在非常大的差距，生态效率提升空间巨大。高斯林（Gössling，2005）经过对大量案例区域的研究发现，国外旅游生态效率一般在0.0131~1.6080kgCO$_{2-e}$/￥之间；欧洲短途游客生态效率通常低于0.1508kgCO$_{2-e}$/￥，长途游客生态效率通常高于0.3518kgCO$_{2-e}$/￥（按照当时汇率9.95人民币元/欧元计）[150]。鉴于国内对旅游生态效率文献数量较少，可用来参照的样本过小，因此以高斯林（Gössling，2005）总结的国外旅游生态效率最低值1.6080kgCO$_{2-e}$/￥、最优值0.0131kgCO$_{2-e}$/￥分别作为生态效率等级评价中病态限定值与很健康参考值，同时以国际生态效率平均水平0.086kgCO$_{2-e}$/￥为中心分别向上及向下浮动20%，再对病态限定值向上浮动20%、对很健康标准值向下浮动20%，并与中心浮动值分别求平均值，即得到了健康与亚健康、不健康与亚健康的界线值，最终确定了城市旅游生态效率等级划分标准（见表3-10）。

表3-10　　　　　　　　城市旅游生态效率等级划分标准

序列号	旅游生态效率值（kgCO$_{2-e}$/￥）	等级	备注
1	<0.013	很健康	非常完美，继续保持
2	0.042~0.013	健康	能够持续健康运转，但尚有改进空间
3	0.695~0.042	亚健康	勉强运营，应积极改进
4	1.608~0.695	不健康	问题突出，必须改进
5	>1.608	病态	运营受阻，迫切需要改进

城市旅游生态效率等级可划分为很健康、健康、亚健康、不健康和病态等五种类型，利用生态效率第二模型，旅游生态效率值越低，意味着在获得每元旅游收入所产生的碳排放量越小，旅游可持续发展的能力就越强，城市旅游发展越趋近健康水平；旅游生态效率值越大，意味着在取得每元旅游收入中产生的碳排放量越大，即对环境影响越大，可持续发展的能力就越弱，城市旅游发展越偏离理想状态。生态效率等级标准不仅可以帮助了解城市旅游生态效率水平的现状，也为推动城市旅游提质增效提供了具体的奋斗目标。

利用旅游生态效率分析的结果，一方面能够对城市旅游碳足迹进行有效追踪，掌握旅游碳足迹总量与不同部门间的差异情况；另一方面，通过旅游生态效率值的计算，可以有效掌握旅游餐饮、旅游住宿、旅游交通、旅游活动等四个部分的生态环境影响与旅游效益的比值，进一步明确其中生态效益的短板，为未来从提升旅游经济效益与降低环境影响两个方面提高城市旅游持续发展能力明确方向。

3.5　旅游产业—经济—环境协调分析方法

城市旅游业作为典型的公共服务型行业，通过向旅游者提供各种服务与其所处的城市复合巨系统之间存在密切的能量与物质交换，其中与其关系最密切的当属城市经济与生态环境两大子系统。城市经济不仅为旅游产业发展提供了较为齐备、完善的基础与服务设施，同时也为生态环境保护与生态优化提供了更多资金与技术的支持；生态环境不仅是区域经济发展所需的资源与能源的来源，也是旅游产业赖以生存与发展的基础。缺少了良好的生态环境的支撑，旅游业必将成为无源之水、无本之木。旅游业作为综合性强、覆盖面广、对环境直接污染性小的产业类型，是协调区域经济与生态环境的关键链接。因此，城市经济、生态环境与城市旅游产业三者之间彼此影响、互为制约，就形成了一个内容广泛、结构复杂、兼具耦合特征的开放性巨系统，忽视其中任何一方都会使整个区域社会发展陷入失衡与混乱[151~152]（见图 3-3）。

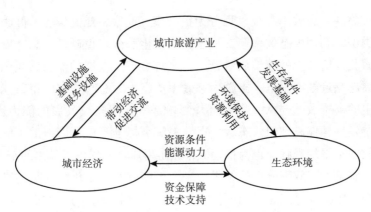

图 3 - 3　旅游产业—经济—环境相互作用机理

资料来源：参考文献 [151]，有改动。

协调发展是生态文明建设本质的要求，是指导时代发展的行动纲领，是对可持续发展认识的升华与内涵的拓展。按照生态文明建设的要求，协调发展不是单纯地追求要素间的耦合协调，而是更注重追求要素高水平下的优质耦合目标。在构建的生态文明视角下城市旅游发展研究体系中，旅游系统状态研究是基础，旅游生态效率研究是关键，而协调发展研究是重点。三者相互支撑，共同构成了系统化的城市旅游研究体系。

1999 年廖重斌首次将协调度与发展度的模型引入旅游经济与环境协调发展的定量研究，开辟了国内对经济与环境协调发展定量研究的先河 [153]。此后，耦合协调度被广泛应用于旅游经济与生态环境协调发展方面的研究。崔峰、庞闻、吴耀宇、王秋元等分别对上海、西安、南京、武汉等城市旅游业与生态环境协调关系进行了研究 [154~157]。杨松茂、生延超、钟高峥等分别对陕西、湖南、西藏等地旅游业与地区经济的关系与影响机制进行了分析 [158~160]。虽然对三大系统两两关系的研究成果丰硕，但将三者有机统一的系统性研究相对较少。为了能更客观、科学、全面地掌握三者之间相互作用与影响的规律，从城市经济、生态环境与旅游产业三者构成耦合开放性巨系统的角度出发，将城市经济、生态环境与旅游产业三大子系统放置在同一层次进行研究，构建了旅游产业—城市经济—生态环境耦合协调度模型，以完成对城市旅游系统内外部关系协调性的分析。

3.5.1 分析指标体系构建

为了使分析指标的选取满足客观、科学与可操作的原则，在已有研究成果基础上，分别采用频度统计、理论分析与专家咨询相结合的方法对指标进行设定，通过征询15位专家经三轮反馈，剔除了不恰当的指标，从而建立起研究的指标体系。该体系由如下指标综合构成：城市经济系统、城市生态环境系统、城市旅游产业系统等 3 个一级指标；经济规模总量、经济结构特征、社会经济建设、生态环境压力、生态环境状态、生态环境响应、旅游市场规模、旅游要素结构、旅游人力资源等 9 个二级指标；地区生产总值、人均GDP、地区财政收入、第三产业比重、城镇人口失业率、城镇居民可支配收入、现有建成区面积、人均拥有道路面积、废水排放总量、SO_2 排放总量、烟尘排放总量、道路交通噪声平均值、空气质量优良达标率、人均公园绿地面积、建成区绿化覆盖率、单位 GDP 能耗、城市污水处理率、城市生活垃圾无害化处理率、工业固体废物综合利用率、环境污染治理投资占 GDP 比例、国内旅游收入等 29 个三级指标。所有指标均能较好反映所属系统发展现状（见表 3–11）。

表 3–11　　　　城市旅游产业与经济、环境耦合协调度评价指标体系

一级指标	二级指标	三级指标	单位	指标性质
城市经济系统	经济规模总量	地区生产总值	亿元	正向
		人均 GDP	元	正向
		地区财政收入	万元	正向
	经济结构特征	第三产业比重	%	正向
		城镇人口失业率	%	负向
		城镇居民可支配收入	元	正向
	社会经济建设	现有建成区面积	万平方米	正向
		人均拥有道路面积	平方米	正向

续表

一级指标	二级指标	三级指标	单位	指标性质
城市生态环境系统	生态环境压力	废水排放总量	万吨	负向
		SO_2 排放总量	吨	负向
		烟尘排放总量	吨	负向
		道路交通噪声平均值	分贝	负向
	生态环境状态	空气质量优良达标率	%	正向
		建成区绿化覆盖率	%	正向
		人均公园绿地面积	平方米	正向
		单位 GDP 能耗	吨标准煤/万元	负向
	生态环境响应	城市污水处理率	%	正向
		城市生活垃圾无害化处理率	%	正向
		工业固体废物综合利用率	%	正向
		环境污染治理投资占 GDP 比例	%	正向
城市旅游产业系统	旅游市场规模	旅游总收入	亿元	正向
		国际旅游收入	万美元	正向
		国内旅游总人数	万人次	正向
		入境旅游总人数	人次	正向
	旅游要素结构	旅行社总数	家	正向
		星级饭店总数	家	正向
		旅游企业营业收入	万元	正向
	旅游人力资源	旅游从业人数	人	正向
		旅游院校学生人数	人	正向

3.5.2 分析方法选择

1. 基于组合权数的 TOPSIS 法

TOPSIS 模型又被称为"逼近理想解排序方法"或"双基点法"，是系统工程中常用的多属性决策方法，通过检测评价备选方案评价值与最优解（理想解）、最劣解（负理想解）的距离进行排序，若评价对象最靠近最优解同时又最远离最劣解，则为最好；否则为最差[161]。此方法已在土地利用、项目投资、物料选择等领域得到较广泛的应用。利用基于组合权数的 TOPSIS 法求得各项评价指标与最优解（理想解）的贴近度作为城市经济、生态环境与城市旅游产业三大子系统的综合评价指数。此种方法较之普遍应用的加权求和法，因为明确了对比值而更具说服力与客观性。具体步骤如下：

（1）构建标准化评价矩阵。设评价指标矩阵为：

$$V = \begin{bmatrix} v_{11} & v_{12} & \cdots & v_{1n} \\ v_{21} & v_{22} & \cdots & v_{2n} \\ \vdots & \vdots & \vdots & \vdots \\ v_{m1} & v_{m2} & \cdots & v_{mn} \end{bmatrix}$$

由于评价指标往往具有不同的量纲和量纲单位，不具备可比性，为了消除指标之间的量纲影响，必须首先对数据进行标准化处理。评价指标可分为两类：效益型指标与成本型指标。所谓效益型指标即数值越大越好的正向指标，处理方法见公式（3.19）。所谓成本型指标即数值越小越好的负向指标，处理方法见公式（3.20）。

$$r_{ij} = \frac{v_{ij} - \min(v_{ij})}{\max(v_{ij}) - \min(v_{ij})} \quad \text{效益型指标} \tag{3.19}$$

$$r_{ij} = \frac{\max(v_{ij}) - v_{ij}}{\max(v_{ij}) - \min(v_{ij})} \quad \text{成本型指标} \tag{3.20}$$

利用以上数据归一的方法，即可将原始评价矩阵 V 转换为标准化矩阵 R，其中 r_{ij} 为第 i 个指标第 j 年的标准化值（$i=1$，2，$\cdots$，m，m 为评价指标数；$j=1$，2，$\cdots$，n，n 为评价年份数）。

$$R = \begin{bmatrix} r_{11} & r_{12} & \cdots & r_{1n} \\ r_{21} & r_{22} & \cdots & r_{2n} \\ \vdots & \vdots & \vdots & \vdots \\ r_{m1} & r_{m2} & \cdots & r_{mn} \end{bmatrix}$$

（2）构建基于综合权重的评价矩阵。借助加权思想，运用前文所述结合熵值与复相关系数法确定的指标复合权重 w_i，构建加权规范化评价矩阵 Y，具体计算公式为：

$$Y = \begin{bmatrix} y_{11} & y_{12} & \cdots & y_{1n} \\ y_{21} & y_{22} & \cdots & y_{2n} \\ \vdots & \vdots & \vdots & \vdots \\ y_{m1} & y_{m2} & \cdots & y_{mn} \end{bmatrix}$$

$$Y = \begin{bmatrix} r_{11} \cdot w_1 & r_{12} \cdot w_1 & \cdots & r_{1n} \cdot w_1 \\ r_{21} \cdot w_2 & r_{22} \cdot w_2 & \cdots & r_{2n} \cdot w_2 \\ \vdots & & \vdots & & \vdots & & \vdots \\ r_{m1} \cdot w_m & r_{m2} \cdot w_m & \cdots & r_{mn} \cdot w_m \end{bmatrix}$$

（3）确定正负理想解。分别求评价指标正理想解（最佳值）Y^+ 和负理想解（最劣值）Y^-，具体方法如下：

$$\text{正理想解} \quad Y^+ = \begin{cases} \max\limits_{1 \leqslant i \leqslant m} \{y_{ij}\} \ \text{效益型指标} \\ \min\limits_{1 \leqslant i \leqslant m} \{y_{ij}\} \ \text{成本型指标} \end{cases}$$

$$\text{负理想解} \quad Y^- = \begin{cases} \min\limits_{1 \leqslant i \leqslant m} \{y_{ij}\} \ \text{效益型指标} \\ \max\limits_{1 \leqslant i \leqslant m} \{y_{ij}\} \ \text{成本型指标} \end{cases} \tag{3.21}$$

（4）计算指标评价值到正负理想解的距离。采用欧几米德距离公式计算各指标值分别到正、负理想解的距离。

$$d_j^+ = \sqrt{\sum_{i=1}^{m} \left(y_i^+ - y_{ij} \right)^2} \tag{3.22}$$

$$d_j^- = \sqrt{\sum_{i=1}^{m} \left(y_i^- - y_{ij} \right)^2} \tag{3.23}$$

式中，y_i^+、y_i^- 分别为第 i 个指标在 n 年取值中的正理想解（最佳值）与负理想解（最劣值），y_{ij} 为第 i 个指标第 j 年加权后的规范化值。

（5）计算各评价对象与理想解的贴近度，并按贴近度大小排序。

$$D_j = \frac{d_j^-}{d_j^+ + d_j^-} \tag{3.24}$$

D_j 值越趋近 1，说明评价对象与正理想解贴近度越高，方案越优；D_j 值越趋近 0，说明评价对象与正理想解贴近度越低，方案越劣。

2. 构建耦合度模型

耦合（coupling），在物理学中是指两个（或以上）系统或运动形式通过各种相互作用而彼此影响的现象。耦合度用以度量系统或系统内部要素之间相互影响程度的大小，无好坏区分。协调（coordination）是指两种（或以上）系统或系统要素之间的一种优化的关联关系。协调度用来测度系统或系统内部要素之间相互影响作用中良性耦合程度的强弱。通过加权 TOPSIS 法计算出城市经济、生态环境、旅游产业三大子系统的综合评价指数，利用耦合协调度测度模型对三大子系统两两间及三者间的耦合协调度进行分析。

借鉴物理学中的容量耦合概念和容量耦合系数模型，推广得到多个系统相互作用的耦合度模型[162]，即

$$C_n = \left\{ (U_1 \times U_2 \times \cdots \times U_n) \,\middle|\, \prod (U_i + U_j) \right\}^{\frac{1}{n}} \qquad (3.25)$$

3. 耦合协调度分析

鉴于耦合度只能反映系统间相互作用的强弱，而无法反映三者间的协调水平，因此需要引入耦合协调度模型做进一步分析。计算公式如下：

$$T_i = \alpha g(x) + \beta g(y) + \gamma g(z) \qquad (3.26)$$

$$D_i = \sqrt{C_i \times T_i} \qquad (3.27)$$

公式（3.26）中 T_i 代表三大子系统综合评价指数，D_i 代表三大子系统耦合协调度，α、β、γ 为待定系数，表示三个子系统在整个巨系统中所占比重。

3.5.3　指标权重确定

确定指标权重是评估过程的重要环节，指标权重确定的方法主要分为主观赋权与客观赋权两大类。主观赋权法的优点是可以借助专家对问题十分了解的优势，更合理地确定指标重要程度的排序。但由于权数具体数值难以找到科学定量标准，主观随意性较大，直接影响评价结果的客观性。常用的主观赋权法有 AHP 层次分析法、德尔菲法、综合指数法等；客观赋权法不依赖个人主观判断，根据客观原始数据的联系程度或各指标提供的信息量，运用统计方法获得权数。客观性较强，但计算相对麻烦。常用的

客观赋权法主要有熵值法、主成分分析法、因子分析法、复相关系数法、变异系数法等。最终采用熵值法与复相关系数法两种客观赋权组合的方法确定指标复合权重。

熵值法作为使用最广泛的一种客观赋权法，主要依据各项指标的变异程度，利用信息熵来计算指标权数。在信息论中，信息无序度越高，不确定性越大，熵值就越大，其信息效用就越小；反过来，信息的无序度越低，不确定性越小，熵值就越小，其信息效用就越大。复相关系数法则是根据指标之间重复信息量大小进行指标赋权的方法。在研究中，城市经济、生态环境与旅游产业三者之间存在密切的关联，因此无法实现评价指标的绝对独立，复相关系数法为削减指标间信息重叠提供了较好的解决方案。如果某一指标与其他指标重复信息越多，说明独立性越小，权数也就较小；反之，指标信息重复越少，独立性越大，权数也就越大。采用熵值法和复相关系数法两种客观赋权法相结合，既考虑了各指标之间的变异程度，又考虑了各指标的独立性，可以实现最大限度提取并利用信息的目的。

1. 熵值法确定权重

熵是热力学中的一个名词，是对信息无序度的度量。熵值法作为一种科学的客观赋权评价法，被普遍应用于综合评价中对多指标决策权重的确定。具体步骤如下：

（1）建立评价矩阵及数据无量纲处理。建立原始数据矩阵 $X = (x_{ij})_{m \times n}$，$m$ 为研究单元的个数，n 为指标的个数。由于指标具有不同量纲无法进行直接比较，因此，首先需要对其进行无量纲处理，即同度量处理。采用极差标准化对原始矩阵标准化。

$$正向指标标准化：x'_{ij} = \frac{x_{ij} - x_{\min}}{x_{\max} - x_{\min}}$$

$$负向指标标准化：x'_{ij} = \frac{x_{\max} - x_{ij}}{x_{\max} - x_{\min}} \tag{3.28}$$

其中，$x_{\max}$、$x_{\min}$ 分别为 x_{ij} 中的最大值与最小值，x'_{ij} 为处理后的标准值。

（2）计算指标 x_{ij} 的比重 p_{ij}。

$$p_{ij} = \frac{X'_{ij}}{\sum\limits_{i=1}^{m} X'_{ij}} \tag{3.29}$$

（3）计算第 j 项指标的信息熵值 e_j。

$$e_j = -k \sum_{i=1}^{m} p_{ij} \ln p_{ij} \qquad (3.30)$$

其中，k 为调节系数 $\left(k = \dfrac{1}{\ln m}\right)$，$e_j \in (0, 1)$。$m$ 代表研究年份，故取 $m = 10$。

（4）计算第 j 项差异系数 g_i。

$g_i = 1 - e_j$，值越大，则说明其在综合评价中重要性越强。

（5）计算指标 x_j 的权重 w_j。

$$w_j = \frac{g_j}{\sum\limits_{j=1}^{n} g_j} (j = 1, 2, 3, \cdots, n) \qquad (3.31)$$

2. 复相关系数法确定权重

假设有 i 个评价参数，j 个评价样本，就能够形成原始矩阵 $X = (x_{mn})_{i \times j}$，运用复相关系数法计算权重步骤如下：

（1）先求出 i 个评价参数的相关系数矩阵：

$$R = \begin{bmatrix} r_{11} & r_{12} & r_{13} & \cdots & r_{1i} \\ r_{21} & r_{22} & r_{23} & \cdots & r_{21} \\ \vdots & \vdots & \vdots & \vdots & \vdots \\ r_{i1} & r_{i2} & r_{i3} & \cdots & r_{ii} \end{bmatrix} \qquad (3.32)$$

对于任意两个参数 x_p 和 x_q，其相关系数为：

$$r_{pq} = \frac{\dfrac{1}{n} \sum\limits_{i=1}^{n} (x_{pi} - \bar{x}_p)(x_{qi} - \bar{x}_q)}{\sqrt{\dfrac{1}{n} \sum\limits_{i=1}^{n} (x_{pi} - \bar{x}_p)^2} \cdot \sqrt{\dfrac{1}{n} \sum\limits_{i=1}^{n} (x_{qi} - \bar{x}_q)^2}} \qquad (3.33)$$

（2）计算参数 x_k 与其他 $i-1$ 个参数的复相关系数为：

$$S_k = \sqrt{1 - (1 - r_{k1}^2)(1 - r_{k1}^2) \cdots (1 - r_{k(i-1)})^2} \qquad (3.34)$$

（3）计算各参数的权重为：

$$W_i = \frac{1}{S_i} \cdot \sum_{i=1}^{n} \frac{1}{S_i} \qquad (3.35)$$

3. "乘法"集成法计算组合权重

对组合权重的计算最常用有两种方法："乘法"集成法和"加法"集成法。鉴于通过复相关系数法计算的指标权重分配比较均匀的特点，特使用"乘法"集成法的方式进行归一化处理，以求最大程度拉开指标赋权的档次。设熵值法计算的第 i 个指标权重为 w_{i1}，复相关系数法计算的第 i 个指标权重为 w_{i2}，运用"乘法"集成法计算最终组合权重。

$$W_i = \frac{w_{i1} \cdot w_{i2}}{\sum_{i=1}^{n} w_{i1} \cdot w_{i2}} \tag{3.36}$$

3.5.4 分析标准确立及结果运用

为了更直观反映系统协调发展的健康程度，借用黄金川的四阶段法[163]对耦合度 C 值划分为低水平耦合、拮抗阶段、磨合阶段与高水平耦合四个阶段。对耦合协调度 D 的划分标准参考廖重斌的十级标度法[153]，耦合协调发展类型评价标准制定如下（见表 3 - 12）。

表 3 - 12　　　　　　　耦合协调发展类型等级划分

类型	耦合度 C	耦合度类型	耦合协调度 D	协调类型
不协调期	$0 < C \leqslant 0.3$	低水平耦合	0.0 ~ 0.1	极度失调
			0.1 ~ 0.2	严重失调
			0.2 ~ 0.3	中度失调
	$0.3 < C \leqslant 0.5$	拮抗阶段	0.3 ~ 0.4	轻度失调
			0.4 ~ 0.5	濒临失调
转型期	$0.5 < C \leqslant 0.8$	磨合阶段	0.5 ~ 0.6	勉强协调
			0.6 ~ 0.7	初级协调
			0.7 ~ 0.8	中级协调
高度协调期	$0.8 < C \leqslant 1.0$	高水平耦合	0.8 ~ 0.9	良好协调
			0.9 ~ 1.0	优质协调

　　利用耦合协调模型对城市旅游与经济、环境系统协调关系水平的测算结果，一方面可以直接反映在一定时间序列内，城市旅游内外部协调整体变化的趋势以及辨别系统间耦合协调的具体类型。另一方面对耦合协调类型中反映的问题，可通过具体比较旅游产业、社会经济以及生态环境三大子系统之间综合评价指数大小的排序，进而发现影响耦合协调性的具体滞后环节。最后，追根溯源可利用具体指标体系找到造成滞后的具体因素。这种层层递进式的研究过程，既符合人们对事物认识由浅入深的规律，又为提升旅游产业外部协调发展明确了具体改进的方向。

第 4 章

西安市发展城市旅游的背景条件

西安，是我国黄河流域古代文明的重要发源地之一，与雅典、罗马、开罗并称为世界四大文明古都。作为中国第一批优秀旅游城市，旅游产业被列为西安市战略性支柱产业，旅游总收入对地区生产总值（GDP）贡献率逐年提高，2017 年达到 19.39%，增长速度位居十五个副省级城市之首。作为"一带一路"倡议的桥头堡、"丝绸之路经济带"倡议的核心城市，旅游业因其开放性、综合性的特征，在西安市"一带一路"建设中具有得天独厚的先发优势。而承东启西、贯通南北的区位优势、灿烂而辉煌的历史文化、庞大而丰富的旅游资源体系以及独具风格的地域文化，让西安市旅游发展在新时代，不断焕发出新的生机与活力。本章有关西安市地理位置的资料来自《西安市地理志》，行政区划数据与人口数据来源于 2017 年《西安统计年鉴》。

4.1 区位背景条件

西安，陕西省省会，陕西省政治、经济、文化和交通的中心，古称长安，是世界四大文明古都之一，举世闻名的历史文化名城。它位于中国大陆腹地黄河流域中部的关中盆地，东经 107°40′~109°49′和北纬 33°39′~34°45′之间。南倚秦岭山脉，与汉中市的佛坪、宁陕、商洛市的柞水等县分界；北靠渭北荆山黄土台塬，与杨凌示范区、咸阳市渭城区、兴平市、三原县、泾阳县、武功县和渭南市的富平县相邻；东起零河和灞源山地，与渭南市临渭区、华县、商洛市商州区、洛南县相接；西到黑河以西的太白山地和青化黄土台

塬，与宝鸡市的眉县、太白县接壤。西安市东西长约 204 公里，南北宽约
116 公里，总面积约 10108 平方公里，其中市区面积 3866.24 平方公里。从中
国地理版图来看，西安市处于大地原点附近，作为西北地区最大的中心城市，
具有承东启西、贯通南北的区位优势，为古今西安的繁荣与发展创造了极为
有利的区位条件。

在行政区划上，西安市下辖新城区、莲湖区、碑林区、未央区、雁塔区、
灞桥区、阎良区、长安区、临潼区、高陵区、鄠邑区等 11 个市辖区、蓝田与
周至 2 个市辖县，常住人口 961.67 万。

优越的地理区位为西安发展城市旅游创造了得天独厚的优势。作为西北
地区的战略枢纽，西安市不仅能够实现对西北地区内部市场的有效整合，更
可以使西北地区与较发达的中东部及南部城市群密切联系，为争取更广泛的
旅游客源市场创造了有利条件。

4.2 自然环境基础

西安市所处的关中平原，位于我国腹地，是中华民族灿烂文化的发祥地，
也是孕育西安城的"摇篮"。关中平原西起宝鸡，东抵黄河，涵括渭河中下
游地区，号称"八百里秦川"。平原东低西高，海拔 325 ~ 750 米，是在华北
地台渭河地堑的基础上地壳不断下沉并接受泥沙堆积而形成的，土地特别肥
沃。在西安市以北，由药王山、陇山、黄龙山、梁山组成的北山山系，与横
亘于西安城以南的秦岭山脉遥相呼应，共同构成了环绕关中平原的自然屏障。

西安市辖区境内海拔高度差异悬殊，位居全国各城市之冠。海拔最高点为
秦岭主峰周至县太白山 3767 米，最低处为市区东北部渭河河床 345 米，平均海
拔 424 米。重峦叠嶂、苍翠无际的秦岭山地与坦荡舒展、沃野千里的渭河平原
界线分明，构成西安市的地貌主体。同时，辖区内河流众多，东有灞、浐，西
有沣、涝，南有潏、滈，北有泾、渭，形成"荡荡乎，八水分流"的格局。

由于处在我国西部中纬度地区，虽然受东亚季风环流影响明显，但因东
距太平洋数千公里，西安属于较典型的北半球大陆性季风气候，温暖湿润、
雨量适中、四季分明。全年平均气温 13.1℃ ~ 13.4℃，无霜期 207 天，年降
水量 507.7 ~ 719.8 毫米，降水主要集中在 7、8、9 三个月，每年 4 ~ 10 月为

西安的旅游气候舒适期。

横亘于西安南部，被誉为"西安后花园"的秦岭山脉不仅是西安古城的天然生态屏障，也是体现西安生物多样性的基因宝库。西安境内的秦岭北坡植被覆盖度69.24%，植物资源138科、681属、2224种，古树名木1.8万株，动物资源有兽类55种、鸟类177种，尤其是周至太白山区，山高谷深，气候和植被垂直变化明显，植被茂密，为许多动物提供了良好的栖息条件。随着秦岭保护工程的不断推进，大熊猫、羚牛、金丝猴、金钱豹等大量野生保护动物的生存环境得到不断改善，丰富的生物多样性为西安自然生态平衡创造了良好的环境。

由此可见，得天独厚的自然环境是西安市开展城市旅游最有利的条件。奇峰突兀、巍峨壮丽的秦岭山脉，坦荡舒展、一马平川的关中平原，多种多样的地貌类型，丰富的生物多样性、超长的旅游适游期赋予西安特有的生态名片，为西安市发展城市旅游奠定了坚实的基础。

4.3 社会文化条件

西安是中国古代文明的发祥地、中华文化的杰出代表，早在7000年前的仰韶文化时期，这里已经出现了城垣雏形，西安有3000多年的建城史和1100多年的建都史，是当之无愧的中国历史上建都时间最长的城市，尤其是中国封建社会鼎盛时期的大唐王朝在此建都，使古长安成为全球家喻户晓的经济社会发达、文化领先的国际化大都市，谱写了中国古代封建社会发展最华丽的乐章。

作为当前"一带一路"建设的桥头堡、"丝绸之路经济带"的核心城市，西安这座千年古都将紧抓机遇，不断焕发出新的生机与活力，为城市发展吸引更多的跨国资本、企业投资和人员流动，从而快速提升西安经济的外向度与城市的国际化水平，助力古都复兴、打造国际化大都市。

4.3.1 基础设施条件

作为西北地区运输的中心枢纽，西安市一直肩负着承东启西、连接南北的重要战略任务。西安市基础设施相对齐备完善，西安北站为亚洲最大火车站之一，西安铁路枢纽是全国铁路六大枢纽之一，全国"米"字形高铁枢纽网重要节点。随着郑西、西宝、大西、西兰、西成高铁开通运营，标志着以"大西安"为中心的西南、西北地区高铁与全国高铁网实现互联互通，战略枢纽地位更加凸显；西安咸阳机场与国内外 65 家航空公司建立了业务往来，开辟通航点 198 个，航线 337 条，吞吐量全国排名第八；西安公路枢纽是全国公路六大枢纽之一，目前已基本形成"米"字形高速公路网和"一环十二辐射"为主骨架的公路网，具备成为丝绸之路经济带重要的客流、物流、信息流和资金流汇聚地的基础和优势[164]。截至目前，中欧班列（长安号）已开通西安至中亚五国、伊朗（阿富汗）、德国汉堡、意大利米兰、波兰马拉舍维奇（华沙）、芬兰科沃拉、匈牙利布达佩斯、比利时根特、白俄罗斯明斯克及俄罗斯、拉脱维亚里加等 11 条干线，基本覆盖中亚、中东及欧洲等主要地区[165]。

与此同时，西安市供电、供水、供气、通信等基础设施均已形成比较完备的网络体系，尤其是西安的医疗卫生水平与条件处于全国领先地位。齐备完善的基础设施为西安市工农业发展、服务业发展、科技文化发展、旅游业发展与国内外交流提供了保障。

4.3.2 城市历史文化

西安承载了中国古代历史的辉煌，是中国历史上建都时间最长、影响最大的都城，是中华文化的发祥地。《史记》中将古长安誉为"金城千里，天府之国"。早在约 115 万年以前，中华民族的祖先之一——"蓝田猿人"就在这里繁衍生息；新石器时代，"半坡先民"在此兴建房屋与村落。"秦中自古帝王都"，公元前 11 世纪，周文王在沣河两岸建立丰镐二京，开启了千年古都的先河。此后，又有秦、汉、唐等共计 13 个王朝在此建都。悠久的历史文化积淀使西安享有"天然历史博物馆"之美誉，更赋予了西安丰富的文物古迹遗存，城中的塔与碑，城外的陵与墓，连绵的城垣与宫殿遗址以及周乐秦声、汉风唐韵等文化艺术，无不昭示着这里曾经的开放与辉煌。

4.3.3 地域文化特征

西安是一块具有独特魅力与个性的地域，北有北山山系，南有秦岭山脉，关中平原东部这片丰腴的土地在享受"八水绕长安"滋养的同时，孕育了独特的地域文化。无论是民间美术、民间音乐，还是民间文化的综合载体——社火、庙会，无不体现出浓郁的地域特色。秦腔中的高亢与激情，户县农民画中的浪漫与稚拙，西安鼓乐中的隐忍与坚守，关中泥塑中的土性朴素等都是具体而形象的地域文化元素[166]。这些底蕴深厚的民间文化、丰富多彩的民间艺术、朴实醇厚的民风民俗为古都西安增添了无穷的生机与活力。

4.4 旅游资源特征

4.4.1 资源类型

根据陕西省旅游局最新统计数据，按照 2003 年国家旅游局颁布实施的《旅游资源分类、调查与评价》标准，截至 2017 年底，西安市拥有旅游资源单体总量达 2148 个，其中地文景观 41 个，水域风光 18 个，生物景观 6 个，遗址遗迹 393 个，建筑与设施 960 个，旅游商品 96 个，人文活动 634 个。这些资源分布在西安市下辖的所有区县范围内（见表 4-1）。

表 4-1　　　　　　　　西安市旅游资源类型统计

区县	单体总数	地文景观	水域风光	生物景观	天象与气候	遗址遗迹	建筑与设施	旅游商品	人文活动
新城区	196	0	0	0	0	17	102	0	77
碑林区	212	0	0	0	0	8	117	0	87
莲湖区	228	0	0	0	0	30	148	17	33
灞桥区	39	0	0	1	0	7	15	3	13
未央区	163	0	0	0	0	20	14	0	129
雁塔区	143	0	0	0	0	37	49	37	20

续表

区县	单体总数	地文景观	水域风光	生物景观	天象与气候	遗址遗迹	建筑与设施	旅游商品	人文活动
阎良区	181	0	0	0	0	26	60	10	85
临潼区	233	1	0	0	0	88	109	10	25
长安区	186	11	5	1	0	24	108	4	33
鄠邑区	179	11	8	3	0	24	58	5	70
周至县	154	8	1	0	0	74	60	4	7
蓝田县	147	8	4	1	0	29	46	6	53
高陵县	87	2	0	0	0	9	74	0	2
总计	2148	41	18	6	0	393	960	96	634

资料来源：陕西省旅游局。

从图 4-1 西安市旅游资源类型比例图可以清晰看出，西安市旅游资源虽然总量庞大，但资源类型相对比较集中，建筑与设施类资源总数最多，高达 960 个，占总量比例 44.69%；其次是人文活动类资源 634 个，占总量比例 29.52%；遗址遗迹类资源 393 个，占总量比例 18.3%，此三类资源数量就占到资源总量的 92.51%。可见，西安市人文类旅游资源占据绝对的垄断地位，一方面，这与西安市作为世界级历史文化名城的显著地位密切相关；另一方面，这也是目前西安市旅游产品结构仍然停留在观光游览型产品为主的主要原因。

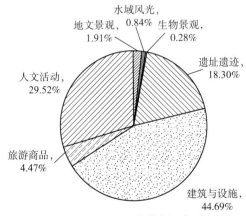

图 4-1 西安市旅游资源类型

资料来源：陕西省旅游局。

说明：数据因四舍五入的原因，存在总计与分项合计不等的情况，下同。

4.4.2　资源数量

西安市旅游资源品位高、数量大、种类丰富。根据陕西省旅游资源普查资料，按照 2003 年国家旅游局颁布实施的《旅游资源分类、调查与评价》标准，可进一步将西安市旅游资源划分为 8 大类、31 个亚类、155 个基本类型。旅游资源单体总量达 2148 个，占全省总量的 21.4%，在全省 11 个地市中最为丰富。在普查到的 2148 个旅游资源单体中，人文类旅游资源单体总计 2042 个，占总量的 95.1%，居于绝对优势地位。自然类旅游资源单体总计 106 个，占总量的 4.9%。由此可见，西安作为世界四大文明古都之一，13 个王朝、73 位帝王在此建都，至今王者之气尚存，名胜古迹遍布。无论是人文古迹的数量，还是档次，在全国首屈一指（见表 4 - 2）。

4.4.3　资源品级

西安不仅有被誉为"世界第八大奇迹""20 世纪最伟大的考古发现"之称的秦始皇兵马俑博物馆；有见证唐玄宗与杨贵妃千年缠绵爱情故事的华清宫；有中国现存规模最大、保存最完整的古代城垣——西安古城墙；有收藏中国古代碑石时间最早、名碑最多的中华文化艺术宝库——西安碑林；有为保存玄奘法师从天竺带回的经卷佛像，而由三藏法师亲自主持修建的大雁塔；有仿照唐代皇家园林式样、由著名古典建筑设计大师张锦秋女士操刀主持设计的中国第一个全方位展示盛唐风貌的大型皇家园林式文化主题公园——大唐芙蓉园；还有秦岭山脉主峰之一，王维笔下的"太乙近天都，连山接海隅。白云回望合，青霭入看无"、从古至今备受隐士青睐的"仙都"——秦岭终南山；还有无数以山为景、以水为媒分散在秦岭峪口内大大小小的森林公园，充分体现了西安"华夏古都、山水之城"的鲜明旅游形象。

表 4－2　　　　　　　　　陕西省旅游资源单体数量统计　　　　　　　　单位：个

地区	单体总数	三级单体数	四级单体数	五级单体数
西安	2148	326	172	70
宝鸡	1195	137	33	10
咸阳	845	84	28	13
渭南	1008	116	34	9
铜川	277	32	8	5
汉中	627	79	27	3
安康	964	46	25	9
商洛	561	52	4	1
延安	1113	101	24	12
榆林	1005	100	29	4
杨凌	86	12	12	0
合计	9774	1075	390	130

资料来源：陕西省旅游局与参考文献［167］。

　　就已建成景区数量来看，截至 2018 年 12 月，西安市拥有包括秦始皇帝陵博物院、华清池、西安大雁塔·大唐芙蓉园景区、西安城墙·碑林历史文化景区等 4 家 AAAAA 级景区；西安关中民俗艺术博物院、陕西历史博物馆、大明宫国家遗址公园、陕西自然博物馆、西安半坡博物馆、西安浐灞国家湿地公园、陕西翠华山国家地质公园、西安世博园、西安金龙峡风景区、陕西太平国家森林公园等 20 家 AAAA 级景区；西安常宁宫休闲山庄、西安高陵奇石博物馆、西安广仁寺、西安阎良航空科技馆、户县万华山朝阳景区、西安白鹿原葡萄主题公园等 34 家 AAA 级景区；西安玉山蓝河风景区、秦岭九龙潭景区、伊利集团西安工业园、户县九华山阿姑泉牡丹苑、西安连珠潭风景区、葛牌镇区苏维埃纪念馆等 12 家 AA 级景区（见表 4－3）。5A、4A、3A、2A 级景区数量分别占全省总量的 50%、64.5%、39.5%、35.3%（见图 4－2）。可见，西安市在陕西省内就旅游资源数量与档次两个维度上均占有绝对领先的地位。

表4-3　　　　　　　　　　西安市已建成旅游景区统计

序号	景区名称	景区类型	级别	序号	景区名称	类别	级别
1	西安大雁塔·大唐芙蓉园景区	综合类	5A	16	西安曲江楼观道文化展示区	主题公园	4A
2	秦始皇帝陵博物院	文博院馆	5A	17	朱雀国家森林公园	森林公园	4A
3	华清池	风景区	5A	18	西安汉城湖景区	水利景区	4A
4	西安城墙·碑林历史文化景区	文博院馆	5A	19	西安秦岭野生动物园	动物园	4A
5	西安关中民俗艺术博物院	文博院馆	4A	20	曲江海洋极地公园	主题公园	4A
6	陕西历史博物馆	文博院馆	4A	21	西安市王顺山景区	森林公园	4A
7	大明宫国家遗址公园	文博院馆	4A	22	西安沣东现代都市农业博览园	农业旅游	4A
8	陕西自然博物馆	文博院馆	4A	23	西安大唐西市文化景区	综合类	4A
9	西安半坡博物馆	文博院馆	4A	24	周至水街沙河景区	风景区	4A
10	西安浐灞国家湿地公园	湿地公园	4A	25	西安常宁宫休闲山庄	旅游度假区	3A
11	陕西翠华山国家地质公园	地质公园	4A	26	西安高陵奇石博物馆	文博院馆	3A
12	西安世博园	主题公园	4A	27	西安贾平凹文化艺术馆	科教文化	3A
13	西安金龙峡风景区	风景区	4A	28	户县钟馗故里民俗文化旅游景区	风景区	3A
14	陕西太平国家森林公园	森林公园	4A	29	西安上林苑（杜陵）生态景区	科教文化	3A
15	骊山国家森林公园	森林公园	4A	30	西安祥峪森林公园	森林公园	3A

续表

序号	景区名称	景区类型	级别	序号	景区名称	类别	级别
31	长安万华山景区	风景区	3A	48	西安白鹿原葡萄主题公园	农业旅游	3A
32	西安流峪飞峡生态旅游区	风景区	3A	49	蔡文姬纪念馆	文博院馆	3A
33	八路军西安办事处纪念馆	文博院馆	3A	50	灞桥生态湿地公园	湿地公园	3A
34	杨虎城将军陵园	文博院馆	3A	51	西安青龙寺遗址景区	文博院馆	3A
35	水陆庵	寺庙观堂	3A	52	户县重阳宫	寺庙观堂	3A
36	临潼区博物馆	文博院馆	3A	53	蓝田猿人遗址	文博院馆	3A
37	陕西秦岭大坝沟景区	风景区	3A	54	西安广仁寺	寺庙观堂	3A
38	草堂寺	寺庙观堂	3A	55	西安大秦温泉景区	旅游度假区	3A
39	西咸沣东沣河生态景区	风景区	3A	56	户县万华山朝阳景区	风景区	3A
40	西安大兴善寺	寺庙观堂	3A	57	西安石羊农庄生态休闲观光园	农业旅游	3A
41	西安祥峪森林公园	森林公园	3A	58	西安桃花潭景区	风景区	3A
42	西安流峪飞峡生态旅游区	风景区	3A	59	西安玉山蓝河风景区	风景区	2A
43	西安辋川溶洞风景区	风景区	3A	60	西安金鼎蓝田玉石艺园	特色购物	2A
44	曲江秦二世陵遗址公园	文博院馆	3A	61	汪峰故居纪念馆	文博院馆	2A
45	西安高陵场畔农耕文化生态观光产业园	农业旅游	3A	62	伊利集团西安乳业园	工业旅游	2A
46	西安阎良航空科技馆	科教文化	3A	63	西安绿叶庄园	农业旅游	2A
47	西安华南城景区	特色购物	3A	64	西安莲花山森林公园	森林公园	2A

续表

序号	景区名称	景区类型	级别	序号	景区名称	类别	级别
65	净业寺龙潭戏水景区	风景区	2A	68	户县九华山阿姑泉牡丹苑	风景区	2A
66	秦岭九龙潭景区	风景区	2A	69	西安连珠潭风景区	风景区	2A
67	伊利集团西安工业园	工业旅游	2A	70	葛牌镇区苏维埃纪念馆	文博院馆	2A

资料来源：根据西安市旅游发展委员会网站整理。

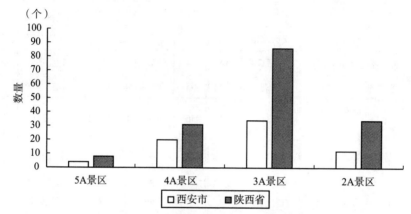

图4-2 西安市与陕西省不同级别旅游景区数量对比

资料来源：根据西安市旅游发展委员会网站整理。

4.4.4 资源分布

从西安市旅游资源在各区县的分布情况来看，可以总结西安市自然观光型、人文观光型等不同类型旅游资源的分布规律性。

1. 自然观光型资源

西安市范围内包括地文景观、水域风光与生物景观三个类别的自然观光型旅游资源总量有65个，仅占资源总量的3.03%，但其对于近年来西安市努力打造的"华夏故都，山水之城"的旅游形象而言，却是不容忽视的重要组成部分之一。由于此类旅游资源严重依赖地区资源环境，导致在西安市下辖区县的分布极不均衡，主要集中在秦岭北麓西安段的长安区、鄠邑区、蓝田县、周至县等4个地理特征明显的区县，其中又以鄠邑区（22个）和长安区（17个）最为集中，形成了以翠华山、南五台、太平国家森林公园、朱雀国家森林公园、楼观台国家森林公园等为代表的，分布在西安城南部的生态绿色长廊。2009年西安市政府在翠华山国家地质公园的基础上，利用整合秦岭北麓西安段的旅游资源而精心打造的秦岭终南山地质公园，成功通过了联合国教科文组织的实地考察评审，成为我国西北地区首个世界地质公园，使得秦岭终南山站上了世界舞台，成为西安境内自然观光类旅游地中最杰出的代表，象征着西安自然观光类资源的品质得到了世界的认可[168]。

2. 人文观光型资源

与自然观光类资源相比，西安市及周边人文观光类资源数量庞大，且散落分布在西安下辖各区县及周边地区。在西安城北部渭河北岸地跨咸阳市渭城区、泾阳县、西安市高陵区三县区的五陵塬上分布着长陵、阳陵、安陵等九座汉代帝王陵墓组成的规模宏大的汉代陵墓群，与分布在西安城北部相邻的咸阳三原县、泾阳县、礼泉县、乾县等地的"关中唐帝十八陵"遥相呼应，共同构成了国内规模最大的帝王陵墓群。论帝王陵墓的规模、出土文物的数量与档次、陵园建筑之精美、历史与考古研究之价值在国内首屈一指。

位于西安境内的中国佛教祖庭的八座寺庙中，大兴善寺、大慈恩寺与青龙寺坐落于西安繁华市区内，成为城区内备受游客喜爱的人文类旅游景点，除草堂寺坐落于鄠邑区外，香积寺、华严寺、至相寺、净业寺等四座古刹均分布在长安区内，占总数的50%。

临潼区，作为世界第八大奇迹"秦始皇兵马俑"、演绎了唐玄宗与杨贵妃千年爱情故事的唐代封建帝王别宫——华清宫，以及与颐和园、圆明园、承德避暑山庄并称为中国四大皇家园林的骊山国家森林公园的所在地，是西安东部以"秦风""唐韵"为主题的著名观光旅游目的地。

此外，位于西安城南的曲江新区作为西安市国际化大都市建设的重要承载区，是文化部授予的首个国家级文化产业示范区，现已形成既能体现西安历史文化底蕴，又能推广西安城市发展新形象的城市新名片，以大雁塔北广场、南广场、慈恩寺遗址公园、新唐人街、戏曲大观园、民俗大观园、大唐芙蓉园、曲江池遗址公园、秦二世陵墓公园、唐城墙遗址公园、寒窑遗址公园等主要旅游地组成的集观光、游憩、会展、度假、接待和购物多种功能于一体的西安城市核心游憩区日趋成熟。

另外，近年来西安市政府在城区东部浐灞河沿岸地区打造的浐灞生态区现已初具规模，成为西安市重要的滨水景观空间，由世界园艺博览会址、灞柳生态园、广运潭生态园、灞渭湿地公园等组成的浐灞滨水景观带成为西安城区景观布局的重要组成部分。

4.5 经济条件

4.5.1 经济发展水平

20世纪90年代以来的西部大开发、如今的"一带一路"建设，国家对加快西部地区建设的战略导向，让古都西安在千载难逢的机遇下保持城市发展不断提速的向上态势，社会经济、文化发展日新月异。西安市经济总量在全省一直处于领先地位，占比保持在30%以上，对稳定和推动全省经济的发展发挥了积极的带动作用。2017年西安经济总量实现了历史性跨越，全年地区生产总值（GDP）达到7469.9亿元，市场主体总数达到101.6万户，成为全国第7个过百万的副省级城市[169]。

根据2016年权威部门数据显示：在西安市所辖的区县内，碑林区与雁塔区人均GDP均突破10万元大关，是全省平均水平的2倍；临潼区、鄠邑区、周至县与蓝田县等4个县区人均GDP低于全省平均水平，其中以周至县19726元人民币为最低，仅为碑林区的27.5%。由此可见，西安市所辖各区县因受区位与自然资源条件的限制，地区生产总值相差较大。

4.5.2 城市产业结构

从总体上看，西安市的产业结构正在朝向更合理的方向演变。自2000

年第三产业比重首次超过 50% 以来，西安市三次产业结构"三二一"特征较为稳定。2017 年全市三次产业结构为 3.8∶34.7∶61.5。与"十一五"末的 4.3∶43.4∶52.3 比较，行业结构发生悄然改变。第一、二产业占比明显下降，第三产业占比大幅提升，产业结构更加倚重服务业，现代产业体系构建取得初步成效[170]。同时，在供给侧结构性改革的大趋势下，通过政府有效的扶持与引导，各产业内部结构也不断优化。其中，农林牧渔服务业作为现代农业的重要组成部分，在推动农业产业升级、提升农业综合竞争力、促成农业经济增长方式转变等方面发挥了越来越重要的作用，也为西安市生态农业的发展，实现乡村旅游 + 现代农业的融合开创了前所未有的大好机遇。

4.6　旅游产业特征

4.6.1　旅游产业水平

在 20 世纪 70 ~ 80 年代我国旅游业仍处于以外交接待为主的早期阶段时，西安作为中华灿烂辉煌古代文明的代表，就当仁不让地成为全国重点承担此项接待任务的少数城市之一。1998 年，西安市成功入选全国首批优秀旅游城市。进入 90 年代以来，西安市旅游业进入前所未有的发展快车道，入境旅游、出境旅游、国内旅游三驾马车全面发力，旅游收入与旅游接待人次两项重要指标不断实现突破。《西安统计年鉴》数据显示，2017 年全年接待海内外游客 1.8 亿人次，旅游业总收入 1633.30 亿元，较之上一年分别增长了 20.5%、34.6%，增速居全国 15 个副省级城市之首，"国内十佳旅游目的地"口碑榜排名第三。旅游业总收入占当地 GDP 比例不断攀升，2017 年再创新高达到 19.39%，旅游业对地方经济带动作用越来越显著，作为西安市战略支柱产业的地位无可撼动（见图 4 - 3）。

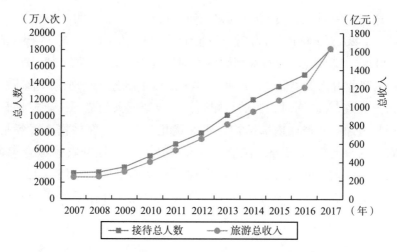

图 4 - 3   2007 ~ 2017 年西安市旅游接待总人数与总收入

4.6.2　旅游产业结构

　　境内外过夜游客的旅游消费结构在一定程度上可以反映旅游目的地旅游产业结构的基本情况。越是发达的旅游国家或地区，旅游花费中用于交通与住宿的比例越低，用于餐饮、景区游览、娱乐、购物四个项目的比例越高。相反，越是欠发达的旅游国家或地区，上述情况完全相反，游客用于交通与住宿的费用比例甚至超过 2/3 以上。

　　由陕西省统计局《西安旅游产业统计监测报告》的数据显示，就游客花费构成比例，无论入境游客还是国内游客①旅游花费结构均不够理想。从2011 年、2016 两个年份来看，用于交通与住宿的费用分别占入境游客与国内游客支出比例的 55.5%、50.3% 和 56.5%、53.1%。其他部分比例也不够合理，虽然以"美食"为吸引源已形成了旅游新时尚，但在西安旅游消费结构比例中体现并不明显，说明西安市餐饮行业向精细化、特色化发展的道路仍很漫长，对游客吸引力有待提高（见表 4 - 4）。监测数据中，2016 年入境游客与国内游客购物花费比例分别为 17.5%、11.2%，分列支出门类第二、第

---

　　①　本书"入境游客""国内游客"均按国家统计局公布的统计数据指标解释，其中，国内游客的统计不包含港澳台游客。

三序列，但是与旅游发达国家或地区旅游商品销售比重高达 50% 以上，新加坡与我国香港地区超过 60% 的标准还存在极大的差距。西安旅游管理部门应通过引导、鼓励社会各方力量在旅游购物品开发、设计、生产、销售各环节努力实现突破，以提升古都旅游商品销售对旅游经济的贡献力。此外，数据也反映出西安旅游产业中娱乐环节最为薄弱的问题，以观光游览为主要出游目的的游客仍然年均保持在 60% 左右，旅游项目欠丰富、娱乐活动贫乏、体验环节不足的问题是影响西安旅游重游率的最大障碍。由此可见，西安旅游产业结构调整、供给侧结构性改革任重而道远。

表 4-4		西安过夜游客花费构成比例				单位：%	
游客类别	交通	住宿	餐饮	景区游览	娱乐	购物	其他
2011 年入境游客	44.8	10.7	3.8	6.0	5.5	18.4	10.8
2016 年入境游客	40.6	9.7	8.0	5.6	6.4	17.5	12.2
2011 年国内游客	39.2	17.3	7.7	9.4	6.5	14.70	5.2
2016 年国内游客	37.0	16.1	8.6	7.4	9.0	11.2	10.7

资料来源：《西安市旅游抽样调查》。

总体来说，在肯定西安旅游产业结构调整成效的同时，也应该看到存在的不足与差距。当前，西安正在全力推进国际化大都市建设，旅游业作为推动这项工作进程的关键，社会各方都应充分重视旅游产业在带动地区相关产业发展，加强经济外向性、开放度，推动城市生态文明建设、促进城市产业结构转型、加速西安城镇化建设等多方面的重要作用，要不断深化改革，着力改变西安旅游产业结构中游、娱、购环节薄弱的问题，在提升游客满意度、重游率上下大功夫。

4.6.3 旅游企业规模与效益

旅游产业的发展水平有赖于旅游企业的规模与效益，旅游企业是组成旅游产业的有效单元，是保证旅游产业良性发展的基础。缺少了旅游企业的支持，旅游产业运营便无法维持。从近十年旅游统计数据来看，西安市以旅行社、星级饭店为主体的旅游企业规模在稳定中保持持续增长。

2016 年，全市共有旅行社 410 家、星级饭店 102 家，旅游企业营业收入 104.22 亿元。旅游企业总数量与旅游企业营业总收入两项指标较 2007 年分别增长了 45% 和 143.5%（见图 4 - 4）。2017 年，酒店市场在 2016 年稳健发展的基础上明显回暖，各个级别酒店业绩均有所提升。西安和武汉两座城市打破"只有四大一线城市全年入住率超过 70%"的魔咒，成功跻身酒店高入住率城市行列[171]。此外，民宿类酒店作为旅游者的新选择，以人文和情怀为鲜明的特征，往往带给旅游者区别于星级酒店不同的住宿体验，是当下年轻人出行钟爱的住宿方式，也是星级酒店最强有力的竞争者。根据最新公布的《2017 陕西省民宿报告》显示，西安市民宿收入超过 3880 万元，接待游客入住次数超过 67900 次，发展势头迅猛、发展空间广阔[172]。

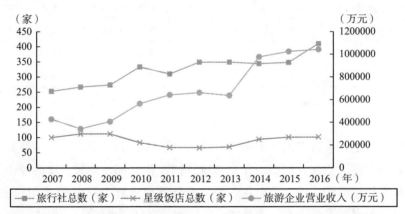

图 4 - 4　2007～2016 年西安市旅游企业规模与旅游企业营业收入变化情况

资料来源：历年《中国旅游统计年鉴》。

第 5 章

西安市城市旅游系统状态分析

生态文明视角下的城市旅游发展肩负着要在城市旅游产业发展中寻求经济利益、社会利益、环境利益的均衡，实现综合效益最大化的重任。这种可持续发展背景下的城市旅游是一种健康的旅游消费方式，同时也是科学发展观指导下的一种理性的旅游发展理念。

城市旅游系统内部状态反映了城市旅游产业维持稳定、有序、协调运行状态的能力。在前文构建的城市旅游系统内部模型基础上，运用第 3 章建立的分析指标体系、分析方法、分析标准等内容，对西安市城市旅游系统内部状态进行了实证分析，以期全面了解西安市城市旅游系统内部稳定水平，发现制约西安市城市旅游发展的瓶颈，为提升西安市城市旅游可持续发展能力奠定基础。

5.1 指标权重确定

5.1.1 指标体系的数据来源

基于第 3 章构建的 SOMCL 城市旅游系统内部状态分析指标体系，要想全面掌握城市旅游系统内部状态的稳定性情况，除了要考虑旅游产业、旅游设施、旅游环境等客观要素的状态，同时也需要对景观价值、产品功能的旅游者满意度等主观因素进行考量，因此，40 个指标中既包括 30 项客观性指标，也包括 O11 观赏美观度与奇特度、O21 环保教育功能、O22 消遣娱乐功能、O23 探索新知功能、M41 旅游解说系统满意度、M42 信息服务满意度、L11 城市居民参与态度、L12 城市居民参与效果、L21 地方经济利益保护、L22 地方文化利益保护等 10 项主观性指标。主观性指标赋值由游客问卷调查结果经统计后给出。另外，需特别说明的是旅游行业是现代服务业的重要组成部分，M32 旅游院校学生人数指标可反映旅游业人才储备水平，是评价旅游人力资源的重要指标因子，但限于城市统计数据难以获取，故采用各省相应数据进行替代。一则旅游人才省内流动频繁，二则可以满足指标评价的目的。

本章所使用的客观评价指标的数据主要来自政府统计部门公开发布的统计数据，具体来源于 2017 年《中国统计年鉴》《中国旅游统计年鉴》《陕西省统计年鉴》以及全国 15 个副省级城市的《统计年鉴》《国民经济和社会发展公报》数据，以求最大程度保证数据的权威性与可靠性。使用的主观评价指标数据由项目组市场调查获得，此次调查于 2016 年 4~8 月间分三次在西安市大雁塔、大唐芙蓉园、陕西历史博物馆、秦始皇兵马俑博物馆、华清池、唐乐宫等 6 个旅游景点与旅游碳足迹测算市场调查同时进行。调查中共向游客发放问卷 930 份，本地居民发放 100 份，分别回收 918 份、97 份，剔除无效问卷，有效问卷分别为 908 份、95 份，有效率达 97.6%、95%。

5.1.2　指标权重结果

对西安市城市旅游系统内部状态的评价指标权重确定方法采用 AHP 层次分析 1~9 标度法计算得到，对评价目标逐层分解，建立由目标层、准则层到方案层等三个层次的递阶层次结构模型。进而，通过综合征询的 10 位专家意见，依次计算得到单一准则下指标的相对权重和各层指标权重。对征询的 10 位专家意见处理过程大体如下：首先针对 10 份专家意见分别构建评价矩阵，并进行一致性检验，对其中 1 份未能通过检验的意见予以剔除；其次，汇总专家意见作为参考提供给其他 9 位专家，通过三轮意见反馈，最终基本达成一致；最后，对统一后的意见构建判断矩阵，并进行总体一致性检验，显示 $R \leqslant 0.10$，总层次排序结果具有满意的一致性（构建矩阵与计算过程已在第 3 章详述，判断矩阵与检验结果详见附录 1）。

从评价结果来看，排序居于前十位的指标分别是：L11 城市居民参与态度（0.1032）、L22 地方文化利益保护（0.0774）、L21 地方经济利益保护（0.0774）、S32 居民人均可支配收入（0.0566）、S42 旅游人均次花费（0.0544）、L12 城市居民参与效果（0.0516）、O21 环保教育功能（0.0441）、C24 万人拥有病床数（0.0423）、C11 空气质量优良达标率（0.0413）、C12 饮用水源水质达标率（0.0381）。排名居后十位的分别是：M53 民用航空客运量（0.0078）、O11 观赏美观度与奇特度（0.0066）、M22 旅行社总数（0.0065）、M21 星级以上饭店总数（0.0065）、M54 市内公共交通出行率（0.0059）、M12 旅游外汇收入（0.0056）、M11 入境旅游人数（0.005）、M55 城区公交站点 500 米覆盖率（0.0046）、M13 国内旅游人数（0.0045）、M31 旅游从业人数（0.0033）。由以上权重结果来看，能够较理想地体现城市旅游价值核心，即不仅需要注重经济利益，还需要关注社会利益与环境利益。指标权重的大小反映了各指标对城市旅游系统重要性存在差别，在一定程度上明确了提升城市旅游发展水平应努力的重点与层次（见表 5 - 1）。

表 5 - 1　　西安市城市旅游系统内部状态评价体系权重与具体数值

一级指标	权重	二级指标	权重	三级指标	权重	具体数值
城市旅游主体（S）	0.1958	S1 身体健康	0.0128	S11 人均预期寿命（岁）	0.0128	76.34
		S2 文化水平	0.0256	S21 人口平均受教育年限（年）	0.0170	9.02
				S22 万人在校大学生数（人）	0.0085	251.3
		S3 消费水平	0.0849	S31 恩格尔系数（%）	0.0283	30.1
				S32 居民人均可支配收入（万元）	0.0566	2.38
		S4 旅游意愿	0.0725	S41 年平均出游次数（次）	0.0181	3.3
				S42 旅游人均次花费（元）	0.0544	3406
城市旅游客体（O）	0.1053	O1 景观价值	0.0361	O11 观赏美观度与奇特度（分）	0.0066	82.3
				O12 3A 以上景点数量（个）	0.0197	60
		O2 产品功能	0.0789	O21 环保教育功能（分）	0.0441	73.2
				O22 消遣娱乐功能（分）	0.0096	70.1
				O23 探索新知功能（分）	0.0252	82.2

续表

一级指标	权重	二级指标	权重	三级指标	权重	具体数值
城市旅游媒介（M）	0.1294	M1 旅游市场规模	0.0309	M11 入境旅游人数（万人次）	0.0050	134.1
				M12 旅游外汇收入（亿美元）	0.0056	9.1
				M13 国内旅游人数（百万人次）	0.0045	148.8
				M14 旅游总收入（亿元）	0.0158	1213.8
		M2 旅游要素结构	0.0131	M21 星级以上饭店总数（个）	0.0065	102
				M22 旅行社总数（个）	0.0065	410
		M3 旅游人力资源	0.0131	M31 旅游从业人数（万人）	0.0033	3.1
				M32 旅游院校学生人数（万人）	0.0098	0.8
		M4 旅游服务水平	0.0361	M41 旅游解说系统满意度（分）	0.0181	75.6
				M42 信息服务满意度（分）	0.0181	82.1
		M5 基础设施条件	0.0361	M51 公路旅客周转量（亿人/公里）	0.0096	90.8
				M52 铁路旅客周转量（亿人/公里）	0.0083	67.7
				M53 民用航空客运量（万人）	0.0078	3699.4
				M54 市内公共交通出行率（%）	0.0059	56
				M55 城区公交站点500米覆盖率（%）	0.0046	79
城市旅游载体（C）	0.2598	C1 自然生态环境	0.1299	C11 空气质量优良达标率（%）	0.0413	52.6
				C12 饮用水源水质达标率（%）	0.0381	99.7
				C13 森林覆盖率（%）	0.0165	48
				C14 人均公共绿地面积（平方米/人）	0.0203	11.6
				C15 环境污染治理投资占GDP比例（%）	0.0136	1.32
		C2 社会经济环境	0.1299	C21 人均GDP（万元）	0.0264	7.16
				C22 单位GDP能耗（吨标煤/万元GDP）	0.0371	0.39
				C23 第三产业占GDP比重	0.0241	61
				C24 万人拥有病床数（张）	0.0423	62.4

一级指标	权重	二级指标	权重	三级指标	权重	具体数值
城市居民（L）	0.3097	L1 居民参与	0.1549	L11 城市居民参与态度（分）	0.1032	80.2
				L12 城市居民参与效果（分）	0.0516	78.4
		L2 利益保护	0.1549	L21 地方经济利益保护（分）	0.0774	80.1
				L22 地方文化利益保护（分）	0.0774	82.3

5.2 分析标准确立

将属性综合测度模型应用于城市旅游系统内部状态评价是一种切实可行的方法，而它的应用有赖于合理的健康等级标准划定。如果等级标准划分不当，将直接造成结果失真，因此科学合理的健康标准是使用该方法进行系统内部状态评价的前提。为了保证评价的客观性与公平性，在界定健康等级标准过程中，特别应注意参照对象的选择。根据征询专家意见，将主观评价类指标的健康标准如前所述划分如下：<60 分为病态、60~70 分为不健康、70~80 分为亚健康；80~90 分为健康、>90 分为很健康。30 个客观指标又可分为两类：一类是有标准可借鉴的，往往是国内外公认的健康城市、生态城市、国际大都市标准或国内园林城市、环保示范城市的建议值，如 S11 人均预期寿命、S21 人口平均受教育年限、S22 万人在校大学生数、S31 恩格尔系数、S32 居民人均可支配收入、C11 空气质量优良达标率、C12 饮用水源水质达标率、C13 森林覆盖率、C14 人均公共绿地面积、C15 环境污染治理投资占 GDP 比例、C21 人均 GDP、C22 单位 GDP 能耗、C23 第三产业占 GDP 比重、C24 万人拥有病床数等。另一类则是需要选择评价参照对象自拟标准。由于城市旅游主体来源于国内及世界各地，但西安入境游客接待量在接待总量中占比不大，因此暂且不对入境客源地进行考虑，S41 年平均出游次数、S42 旅游人均次花费等 2 项参考范围限定在国内。此外，西安是全国十五个副省级城市之一，为了体现公平、合理的评价原则，为此选择与之同一档次城市的相应指标值做一参考。参考范围内的最大值作为很健康的参考值，最小值为病态限定值，求取均值后再分别向下或向上浮动20%，作为较健康与亚健康、不健康与亚健康划分的界线值[173]（见表5-2）。

表5-2　　　　西安市城市旅游系统内部状态健康度评价等级标准

一级指标	二级指标	三级指标/单位	健康度				
			病态	不健康	亚健康	较健康	很健康
城市旅游主体（S）	身体健康	人均预期寿命（岁）	<60	60~70	70~75	75~80	>80
	文化水平	人口平均受教育年限（年）	<5	5~7	7~9	9~13	>13
		万人在校大学生数（人）	<50	50~150	150~300	300~500	>500
	消费水平	恩格尔系数（%）	>50	50~40	40~30	30~25	<25
		居民人均可支配收入（万元）	<0.1	0.1~0.5	0.5~1	1~1.5	>1.5
	旅游意愿	年平均出游次数（次）	<1	1~2	2~4	4~6	>6
		旅游人均次花费（元）	<1100	1100~2000	2000~3100	3100~4000	>4000
城市旅游客体（O）	景观价值	观赏美观度与奇特度（分）	<60	60~70	70~80	80~90	>90
		3A以上景点数量（个）	<10	10~20	20~30	30~40	>40
	产品功能	环保教育功能（分）	<60	60~70	70~80	80~90	>90
		消遣娱乐功能（分）	<60	60~70	70~80	80~90	>90
		探索新知功能（分）	<60	60~70	70~80	80~90	>90
		旅游外汇收入（亿美元）	<3	3~26	26~39	39~60	>60
		国内旅游人数（百万人次）	<60	60~98	98~140	140~180	>180
		旅游总收入（亿元）	<900	900~1600	1600~2500	2500~3200	>3200

续表

一级指标	二级指标	三级指标/单位	健康度				
			病态	不健康	亚健康	较健康	很健康
城市旅游媒体（M）	旅游要素结构	星级以上饭店总数（个）	<29	29～80	80～120	120～170	>170
		旅行社总数（个）	<230	230～360	360～550	550～690	>690
	旅游人力资源	旅游从业人数（万人）	<2	2～3	3～4	4～5	>5
		旅游院校学生人数（万人）	<0.4	0.4～1.7	1.7～2.6	2.6～3.9	>3.9
	旅游服务水平	旅游解说系统满意度（分）	<60	60～70	70～80	80～90	>90
		信息服务满意度（分）	<60	60～70	70～80	80～90	>90
	基础设施条件	公路旅客周转量（亿人/公里）	<44	44～380	380～700	700～920	>920
		铁路旅客周转量（亿人/公里）	<28	28～190	190～280	280～420	>420
		民用航空客运量（万人）	<940	940～2700	2700～4100	4100～5900	>5900
		市内公共交通出行率（%）	<10	10～25	25～40	40～70	>70
		城区公交站点 500 米覆盖率（%）	<30	30～50	50～75	75～90	>90
城市旅游载体（C）	自然生态环境	空气质量优良达标率（%）	<40	40～60	60～80	80～90	>90
		饮用水源水质达标率（%）	<80	80～87	87～93	93～100	100
		森林覆盖率（%）	<10	10～15	15～20	20～40	>40
		人均公共绿地面积（平方米/人）	<5	5～8	8～12	12～16	>16
		环境污染治理投资占GDP 比例（%）	<1	1～1.5	1.5～2	2～4	>4
	社会经济环境	人均 GDP（万元）	<0.8	0.8～1.5	1.5～5	5～15	>15
		单位 GDP 能耗（吨标煤/万元 GDP）	>2	2～1.5	1.5～1	1～0.7	<0.7
		第三产业占 GDP 比重	<20	20～30	30～40	40～60	>60
		万人拥有病床数（张）	<20	20～30	30～40	40～50	>50

一级指标	二级指标	三级指标/单位	健康度				
			病态	不健康	亚健康	较健康	很健康
城市居民（L）	居民参与	城市居民参与态度	<60	60~70	70~80	80~90	>90
		城市居民参与效果	<60	60~70	70~80	80~90	>90
	利益保护	地方经济利益保护	<60	60~70	70~80	80~90	>90
		地方文化利益保护	<60	60~70	70~80	80~90	>90

5.3 评价的过程

由于城市旅游系统状态是一个复杂系统现象，受多个方面因素限制，按照第3章建立分析模型和评价机制，利用属性理论和属性综合评价方法对西安市城市旅游系统内部发展状态进行综合评价。

首先，确定研究空间 $X = \{x_1, x_2, \cdots, x_{36}\}$，$x_i$ 为西安市城市旅游系统状态评价体系中所列的40项具体指标，建立属性空间 $C = \{$健康度$\}$，将 C 分为5个属性集（评价类），$C_1 = \{$病态$\}$，$C_2 = \{$不健康$\}$，$C_3 = \{$亚健康$\}$，$C_4 = \{$较健康$\}$，$C_5 = \{$很健康$\}$。其次，按属性隶属度综合评价模型的要求，确定40项评价指标的评价标准。最后，确定评价方法对健康度属性进行分析和判断，按照拟定的置信度准则，将置信度 λ 取值区间暂定为 (0.6, 0.7)。

按照拟定的西安市城市旅游内部状态评价的指标结构，根据公式（3.1）首先计算出指标体系中单指标健康评价的属性测度结果，对二级指标层的多指标综合属性测度进行属性识别就构成了二级指标层的综合评价结果，对一级指标层的多指标综合属性测度进行属性识别就构成了一级指标层综合评价。依次由下向上，逐层汇总，按照公式（3.5）可得到西安市城市旅游系统内部状态最终隶属度评价结果。

5.4 结 果 分 析

5.4.1 总体状态

根据对一级指标测度的结果，城市旅游主体（S）、城市旅游载体（C）两个一级指标在较健康水平隶属度超过 0.7，达到较健康水平，城市旅游客体（O）、城市居民（L）两个一级指标处于亚健康水平，城市旅游媒介（M）则表现最不理想，处于不健康水平区间（见表 5 - 3）。

表 5 - 3　　　　　　　一级指标层属性测度评价结果

一级指标	健康状况					结论（置信度为 0.7）
	病态	不健康	亚健康	较健康	健康	
城市旅游主体（S）	0.0008	0.0019	0.2788	0.3887	0.3294	较健康
城市旅游客体（O）	0.0002	0.1038	0.4653	0.2396	0.1902	亚健康
城市旅游媒介（M）	0.0233	0.4222	0.3005	0.2314	0.0227	不健康
城市旅游载体（C）	0.0198	0.1635	0.0715	0.2118	0.5330	较健康
城市居民（L）	0.0018	0.0022	0.4480	0.5437	0.0041	亚健康

由表 5 - 3 评价结果，结合各一级指标权重，可以计算出西安市旅游系统状态健康度测度向量 μ_i 为

$$\mu_i = \{0.00873407, 0.108166923, 0.302482385, 0.353055893, 0.227160729\}$$

按照拟定的判断准则，可知西安市城市旅游系统内部状态总体评价为亚健康。

属性测度评价结果与参照对象的指标水平息息相关，其中一级指标的属性测度结果有赖于二级指标的具体表现，二级指标的属性测度结果又依赖于三级指标的具体表现（三级指标测度结果详见附录 2）。根据二级指标层的属性测度结果，按照置信度 0.7 的标准，在 15 个指标中有 2 个处于很健康状

态，分别是 O1 景观价值、C2 社会经济环境；S1 身体健康 1 个指标处于较健康状态；S2 文化水平、S4 旅游意愿、O2 产品功能、M2 旅游要素结构、M4 旅游服务水平、L1 居民参与、L2 利益保护等 7 个指标处于亚健康状态；S3 消费水平、M1 旅游市场规模、M3 旅游人力资源、M5 基础设施条件、C1 自然生态环境等 5 个指标处于不健康状态（见表 5-4）。

表 5-4　　　　　　　　　二级指标层属性测度评价结果

二级指标	健康状况					结论（置信度为 0.7）
	病态	不健康	亚健康	较健康	很健康	
S1 身体健康	0.0007	0.0208	0.1433	0.6335	0.2018	较健康
S2 文化水平	0.0057	0.0016	0.5753	0.3845	0.0289	亚健康
S3 消费水平	0.0710	0.4339	0.2575	0.1788	0.0587	不健康
S4 旅游意愿	0.0000	0.0001	0.3470	0.6388	0.0142	亚健康
O1 景观价值	0.0000	0.0001	0.0542	0.1940	0.7518	很健康
O2 产品功能	0.0003	0.1385	0.6029	0.2551	0.0032	亚健康
M1 旅游市场规模	0.0799	0.6901	0.0834	0.0739	0.0726	不健康
M2 旅游要素结构	0.0000	0.1243	0.8130	0.0550	0.0000	亚健康
M3 旅游人力资源	0.0273	0.9005	0.0668	0.0000	0.0054	不健康
M4 旅游服务水平	0.0000	0.0200	0.5610	0.4170	0.0047	亚健康
M5 基础设施条件	0.0005	0.5060	0.2001	0.2846	0.0116	不健康
C1 自然生态环境	0.0371	0.3269	0.1358	0.1597	0.3397	不健康
C2 社会经济环境	0.0025	0.0000	0.0073	0.2639	0.7263	很健康
L1 居民参与	0.0024	0.0033	0.5463	0.4457	0.0017	亚健康
L2 利益保护	0.0013	0.0010	0.3493	0.6413	0.0065	亚健康

5.4.2　旅游主体

对西安市城市旅游主体进行一级指标测度，处于较健康等级属性的测度值为 0.7181，显示出西安市城市旅游主体整体状态表现较好。从二级指标测度结果来看，S1 身体健康处于较健康，S2 文化水平与 S4 旅游意愿两个二级指标处于亚健康，S3 消费水平受恩格尔系数过高的影响则处于不健康水平，以上结果总体反映了我国国内旅游市场需求旺盛的特点。中共十九大报告指出，"现阶段我国社会主要矛盾已经转化为人民日益增长的美好生活需要和不平衡不充分的发展之间的矛盾[6]"。而满足人民美好生活需要成为新时代旅游业的根本任务。随着国民人均预期寿命的不断延长、全民文化水平与可支配收入水平的显著提高，人们出游意愿将进入爆发式增长期。预计 2020 年，国内旅游人均每年出游 4.5 次，将达到中等发达国家水平。

5.4.3 旅游客体

城市旅游客体在亚健康等级的隶属度达到 0.8951，显示出西安市城市旅游客体总体处于亚健康状态。在旅游客体下设的二级指标中，O1 景观价值指标表现最为抢眼，在很健康等级的单项属性测度值就达到 0.7518，是所有 13 个二级指标中表现最突出的一个，这与西安市在旅游资源方面拥有的绝对优势相匹配。西安作为全国第一批优秀旅游城市，悠久的历史、丰富的文化遗存、秦岭山脉的自然山水、独具魅力的关中民俗让这座举世闻名的千年古都始终散发着独有的韵味。3A 级以上景点 60 处、景观的美观度与奇特度两个指标在同类城市中均属于佼佼者。然而，O2 产品功能在亚健康等级测度值为 0.8612，这体现了西安市城市旅游发展中仍处于以单一的文物古迹观光为主的较低层次结构水平。虽然旅游资源的数量大、品质高，但重人文轻自然的产品类型导致游客参与性不强，深厚的历史文化内涵或被忽略，资源价值难以得到充分的体现。

5.4.4 旅游媒介

在此次评价中，表现最不理想的当属一级指标城市旅游媒介，处于不健康水平。其所下设的 5 个二级指标，包括 M1 旅游市场规模、M3 旅游人力资源、M5 基础设施条件 3 项处于不健康水平，M2 旅游要素结构与 M4 旅游服务水平处于亚健康水平。虽然从西安市旅游业发展纵向上来看，取得了持续的进步，但与同级别城市广州、杭州、成都等相比仍然存在不小的差距（见表 5 - 5）。

表 5-5　　　2016 年西安与部分副省级城市旅游媒介指标的横向对比

评价指标	西安	广州	杭州	成都
M11 入境旅游人数（万人次）	134.06	861	363.23	272.3
M13 国内旅游人数（百万人次）	148.8	182	137	200
M12 旅游外汇收入（亿美元）	9.07	63	31.49	12.4
M14 旅游总收入（亿元）	1213.8	3217	2571.8	2502.3
M21 星级以上饭店总数（个）	102	171	160	97
M22 旅行社总数（个）	410	355	692	466
M31 旅游从业人数（万人）	3.1	5.78	3.4	1.8
M32 旅游院校学生人数（万人）	0.83	3.9	2.9	4.6
M51 公路旅客周转量（亿人／公里）	90.84	925	—	123
M52 铁路旅客周转量（亿人／公里）	67.65	453	—	78.77
M53 民用航空客运量（万人）	3699.44	5973	3159.4	4603.9

资料来源：《中国旅游统计年鉴（2016）》、各地统计年鉴。

　　从表 5-5 的横向对比来看，西安市入境旅游人数、国内游客人数、旅游总收入等 3 项具体指标仅为广州市的 15.5%、14.4%、37.7%，旅游市场规模在四个城市中排名垫底，显示出目前西安市旅游规模与经济效益比较薄弱。从入境游客停留时间来看，2016 年广州市入境游客平均停留 3.5 天，成都市平均停留 1.93 天、杭州市平均停留 3.3 天、西安市平均停留 2.92 天，四个城市间存在较明显差距，与西安市庞大的旅游资源体系极不相称。从入境游客人均旅游花费来看，2016 年西安市入境游客人均花费 676.56 美元，仅高于成都 455.38 美元，明显低于广州 731.71 美元和杭州 866.94 美元（见图 5-1）。相比西安旅游资源的数量与品位而言，停留时间短、消费水平低的短板是导致西安市旅游市场规模与效益水平处于不健康等级的直接原因。未来西安旅游业的发展必须要尽快适应和引领西安经济发展新常态，着力推进旅游供给侧改革，改变长期以来较为单一的观光型产品类型，要以游客对休闲、度假、养生、生态、探险等产品的需求增加的特点来丰富西安市旅游产品类型。从基础设施条件来看，西安市作为西北联系东南与西南地区的交通纽带，交通设施条件相对比较发达，但限于内陆城市的区位条件、经济的活跃度与外向度、城市常住人口数量等条件的限制，在公路、铁路旅客周转量、民用航空客运量等 3 个指标与 15 个副省级城市之首的广州相距甚远，这些三级指标上的差距是 M5 基础设施条件表现不佳的直接原因。

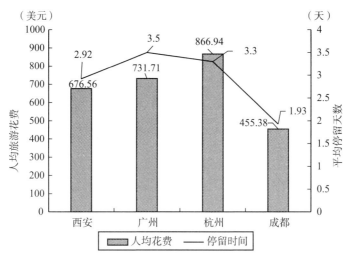

图 5 - 1　部分城市入境游客人均旅游花费与平均停留时间比较

资料来源：《中国旅游统计年鉴（2016）》、各地统计年鉴。

5.4.5　旅游载体

西安市城市旅游载体一级指标在较健康的属性隶属度为 0.7448，达到了较健康等级，是四个一级指标中表现最出色的一个。尤其是 C12 饮用水源水质达标率、C13 森林覆盖率、C22 单位 GDP 能耗、C24 万人拥有病床数等 4 项三级指标处于很健康的理想水平，大大提高了一级指标城市旅游载体的属性测度值。

C2 社会经济环境在很健康等级的属性测度值达到 0.7263，也有着优越的表现。自 2000 年西安市第三产业比重首次超过 50% 以来，三次产业结构"三二一"特征保持稳定。2016 年全市三次产业结构为 3.7 : 35.1 : 61.2。与"十一五"末相比第一、二产业占比明显下降，第三产业占比大幅提升，产业结构更加倚重服务业，以高新技术为引领、先进制造业和现代服务业为重点、旅游和文化产业为支撑的现代产业体系构建取得初步成效。随着产业结构的不断升级，万元 GDP 能耗持续下降，由 2007 年的 0.93 降至 2016 年的 0.39。此外，西安作为西北地区最大的城市，医疗水平与医疗条件在全国 15 个副省级城市中处于较高水平，2016 年万人拥有病床数 62.4 张，达到了健康城市指标的很健康标准。

此次评价中，C1 自然生态环境指标受空气质量优良达标率与环境污染治理投资占 GDP 比例两项具体指标的影响，在属性测度中处于不健康状态。在正视西安环境治理存在不足的同时，也应该客观看待其背后蕴含的复杂原因。比如 2016 年西安市遭遇 10 轮西北沙尘天气造成 41 天污染，尤其是 2016 年 11 月遭遇东北向雾霾和西北向沙尘交叉性污染输入，"腹背受敌"。常年主导的东北风将外来污染输入关中盆地，受地形阻隔不利于污染物扩散，加剧了雾霾的肆虐。虽然近年来西安市持续实施减煤、控车、抑尘、治源、禁烧等多项措施，但就目前的经济发展方式与技术水平，根本性治霾尚需时日。

5.4.6 城市居民

一级指标城市居民在亚健康等级的隶属度达到 0.9958，处于亚健康水平。其下设的四个三级指标除 L22 地方文化利益保护处于较健康水平以外，其余 L11 城市居民参与态度、L12 城市居民参与效果、L21 地方经济利益保护等 3 项均处于亚健康水平。调查中，受访居民对西安城市旅游对西安文化的宣传与保护方面所做出的贡献给予了普遍的认可。超七成受访者对城市旅游的参与意愿不强，近三成居民谈及缺少参与途径，导致地方经济利益保护与地方居民参与效果受到极大限制。为此，西安市城市旅游发展中应从顶层设计层面，努力拓宽城市居民对旅游发展参与的渠道，提升居民参与地方旅游发展的积极性，以充分利用城市居民作为地区文化传承的媒介，推广城市形象，充分发挥居民作为西安本地自然、社会、经济、文化利益的捍卫者，政府提供制度与公共产品支持的监督者的作用，以推动西安市城市旅游发展迈向更高的水平。

5.5　本章小结

本章采用基于主观赋权 AHP 层次分析法的属性综合测度模型，对西安市城市旅游系统内部状态进行了评价与分析，找到了影响系统稳定的关键因子，并分析了其形成原因，同时对提升西安市城市旅游系统内部稳定性提出相应策略建议。

本章主要内容包括：

（1）为了保证属性综合测度评价的客观与科学，分别参考了部分国内外公认的健康城市、生态城市、国际大都市标准或国内园林城市、环保示范城市的指标建议值以及 15 个副省级城市的相应指标数据，确定了对西安市城市旅游发展状态分析的各项指标的评价标准。

（2）根据对评价体系的属性测度结果，西安市城市旅游系统状态处于亚健康水平。其中 4 个一级指标中有城市旅游主体、城市旅游载体 2 项处于较健康等级；城市旅游客体处于亚健康状态；城市旅游媒介处于不健康等级。

（3）对二级指标层的属性测度发现，社会经济环境处于很健康等级；景观价值、社会经济环境 2 项处于较健康等级；文化水平、旅游意愿、产品功能、旅游要素结构、旅游服务水平等项指标处于亚健康状态；S3 消费水平、M1 旅游市场规模、M3 旅游人力资源、M5 基础设施条件、C1 自然生态环境等 5 项指标处于不健康等级。

虽然西安市旅游业发展纵向上来看，取得了持续的进步，但与同级别城市广州、杭州、成都等相比仍然存在不小的差距。旅游市场规模与旅游人力储备方面表现最为突出。停留时间短、消费水平低的短板是影响西安市旅游经济效益提升的最大难点。

第6章

西安市城市旅游生态效率分析

良好的生态环境是旅游可持续发展的重要依托，旅游生态效率是反映旅游产业和生态环境协调共生程度的重要指标。本章利用第3章建立的基于碳足迹的旅游生态效率模型，对西安市旅游碳足迹进行了全面测算，对西安市旅游生态效率进行了分析与评价，找到了影响西安市旅游生态效率的主要制约因素，为进一步提升西安市旅游生态效率水平奠定了基础。

6.1　边　界　确　定

对旅游生态效率研究的重点与难点在于对旅游碳足迹的测算。目前，国内外旅游碳足迹的研究仍未能形成统一的测算方法体系，在国内尚处于起步阶段，测算的方法与经验均主要借鉴国外相关研究。本章在借鉴国内外研究成果基础上，以旅游者从客源地—西安市—返回旅游客源地为完整的旅游过程划定碳足迹计算界限，鉴于游客购物随意性大、购买范围广，还可能牵扯旅游商品交易过程的碳排放转移问题，因此对旅游购物碳足迹暂且忽略，同时，游览和娱乐往往无法做到彻底剥离，将二者合并为"旅游活动"。旅游业碳足迹总量即旅游过程中餐饮、住宿、交通、旅游活动四个环节的碳排放量的总和（见图6-1）。

$$TE_{总} = \sum_{i=1}^{4} TE_i = TE_{餐} + TE_{住} + TE_{行} + TE_{活动}$$

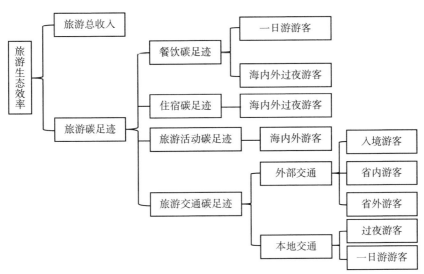

图6-1 旅游生态效率研究的路线

6.2 测算指标选择

鉴于目前西安市旅游卫星账户尚不健全、数据采集困难的现实情况，采用单一比值法对旅游生态效率进行测度，以旅游碳足迹代表旅游环境影响，用旅游业总收入作为旅游效益指标。同时，为保证数据间的可比性，统一利用旅游生态效率第二模型，以 $kgCO_{2-e}$ ／￥为单位对西安市旅游生态效率进行测算（见表6-1）。

表6-1　　　　　　西安市城市旅游生态效率测量指标

评价目标	指标类别	指标构成
旅游生态效率	旅游业环境影响指标	旅游碳足迹
	旅游业经济效益指标	旅游业总收入

6.3 数据采集与样本处理

旅游业，作为西安市政府培育的战略性支柱产业，旅游总收入与其在地区生产总值（GDP）的比值逐年攀升，2016 年接待境内外旅游者突破 1.5 亿人次，旅游总收入 1213.81 亿元，占 GDP 比值增加到 19.39%。旅游者接待总人次与旅游总收入相比 2007 年分别增长 381.5%、411.7%，旅游总收入占GDP 比值提高了 6.61%（见图 6 – 2）。然而，在西安市旅游业取得如此辉煌成绩的背后，生态与环境付出何种代价？可持续发展的潜力如何？对这些有关旅游碳足迹与旅游生态效率的研究几乎处于理论研究的空白，严重制约了古都西安旅游可持续发展、低碳旅游的具体推进。因此，研究对推动西安市旅游产业结构调整、提升旅游产业综合竞争实力显得极为关键与迫切。

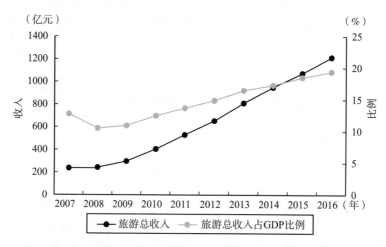

图 6 – 2　2007 ~ 2016 年西安市旅游总收入及占 GDP 比例

资料来源：历年《西安统计年鉴》。

　　在对西安市旅游碳足迹测算过程中，为了保证结果的客观性与准确性，尽可能使用权威部门发布的数据，如《中国统计年鉴》、《中国旅游年鉴》、《陕西统计年鉴》、《西安统计年鉴》、陕西省统计局《旅游产业统计监测报告》、《西安市国民经济和社会发展统计公报》，还包括陕西省统计局、陕西省旅游局、西安市旅游局、西安市酒店协会等单位内部抽样调查数据；确实无法获取的数据，如交通方式选择的比例、省内客源城市游客交通工具选择、旅游活动参与比例与频次等均由项目小组市场调研的方式获得，调查与第 5章西安市城市旅游发展状态调查同时进行，此处不再赘述。

　　为了使此次调查结果贴近西安市客源结构情况，研究对样本数据控制在省内与省外游客大体占比 4∶6 的结构进行筛选，以尽可能与 2016 年陕西省旅游局抽样调查的 44.62%、55.38% 的比例相吻合，同时最大程度保留不同省份游客的调查数据，以保证选取的样本的代表性较强。从筛选后的情况来看，保留样本 780 个，其中女性游客 369 人、男性游客 411 人，分别占比 47.3%、52.7%，性别差异并不明显。从游客年龄分布来看，19～29 岁之间游客占 35.24%、30～45 岁之间游客占 24.8%、46～59 岁之间游客占 17.46%，游客年龄结构比较合理，有利于旅游产品面向不同年龄层次的合理开发。游客中文化程度较高的游客比例较大，其中具有本科学历的游客占 44.56%、拥有硕士及以上文化程度的游客占 13.82%，即本科及以上文化程度游客占总人数的 58.38%。职业构成中，公司、企业人员占比最大，达 15.86%；学生与政府机关或事业单位人员紧随其后，分别占 14.45%、14.07%，这部分游客往往大多拥有较高的文化程度，对管理服务要求较高，对新生事物接受度强。从月收入结构来看，3501～5500 元区间的游客占比最高，达 35.12%；2001～3500 元区间、5501～7500 元区间分别占 20.45%、17.67%；收入低于 2000 元（142 人，18.21%）的游客主要集中在学生与农民两个职业（见表 6-2）。

表 6-2　　　　　　　　　　　筛选样本后人口统计数据

人口特征	类别	人数	比例（%）	人口特征	类别	人数	比例（%）
性别	男	369	47.3	职业	政府机关或事业单位	110	14.07
	女	411	52.7		科研教学	67	8.65
年龄	≤18 岁	88	11.32		公司、企业	124	15.86
	19～29 岁	275	35.24		服务销售	62	7.95
	30～45 岁	193	24.8		农民	84	10.78
	46～59 岁	136	17.46		个体工商	87	11.21
	≥60 岁	87	11.18		离退休人员	83	10.65
文化程度	硕士及以上	108	13.82		学生	113	14.45
	本科	348	44.56		其他	50	6.38
	专科	190	24.32	月收入	≤2000 元	142	18.21
	高中及以下	135	17.3		2001～3500 元	160	20.45
居住地	省内	314	40.21		3501～5500 元	274	35.12
					5501～7500 元	138	17.67
	省外	466	59.79		≥7501 元	67	8.55

6.4 测算过程

6.4.1 餐饮碳足迹

中国自古便有"民以食为天"的传统，乡土原料、乡土滋味、乡土做法、乡土器具等餐饮要素成为旅游活动最具魅力的地方，甚至可能成为旅游者出行的主要目的[174]。不同食品能源密度相差巨大，如鱼类水产、肉蛋类食品被列为"高碳密集型"食品，碳排放量甚至是蔬菜类的 100 倍。2016 年《自然气候变化》月刊曾发表的一项研究显示，如果对"碳密集型"食品实行大规模征税，到 2020 年可减少约 10 亿吨温室气体排放，超过当前全球航空碳排放总和[175]。为了计算西安市旅游餐饮碳足迹，通过查阅《中国统计年鉴》2016 年中国家庭食品人均年消费量作为西安游客各类食品消费量标准（见表 6 - 3），利用前文构建的旅游餐饮碳足迹模型，对西安餐饮碳足迹进行了实际测算（见表 6 - 4）。

表 6 - 3　　　　　　　　2016 年西安市游客人均食品消费量

项目单位	每天人均消费（kg）	能源密度（MJ/kg）	能源消耗量（MJ）	单项碳足迹（kg/day·visitor）
粮食	0.33	4	1.34	0.21
食用植物油	0.03	21	0.58	0.09
蔬菜及食用菌	0.27	1	0.27	0.04
猪肉	0.05	80	4.30	0.69
牛肉	0.00	80	0.39	0.06
羊肉	0.03	80	2.52	0.40
禽类	0.02	80	1.99	0.32
鱼类水产	0.03	100	3.12	0.50
蛋类及蛋制品	0.03	65	1.73	0.28

续表

项目单位	每天人均 消费（kg）	能源密度 （MJ/kg）	能源消耗量 （MJ）	单项碳足迹 （kg/day·visitor）
干鲜瓜果	0.13	1	0.13	0.02
白酒	0.01	4	0.05	0.01
啤酒	0.10	4	0.39	0.06
合计	—	—	—	2.69

表 6 – 4 　　　　　　　　　　　**2016 年西安市旅游餐饮碳足迹**

游客类别	停留时间（天）	游客数量（万人次）	碳足迹（10^6kg）
国内一日游游客	1	9863.71	265.33
入境过夜游客	2.92	134.06	10.53
国内过夜游客	2.72	5014.97	366.94
合计		15012.74	642.80
总体旅游餐饮碳足迹均值（kg/visitor）4.28			

由表 6 – 3 可知，2016 年西安游客人均餐饮碳足迹为 2.69kg/天，从人均单项碳足迹来看，猪肉、鱼类水产、羊肉、禽类、蛋类及蛋制品等五个种类最高，分别达到 0.69kg/天、0.50kg/天、0.40kg/天、0.32kg/天、0.28kg/天，这一结果与中国人膳食结构密切相关，同时也反映出减少高碳排放的肉禽、水产类食物摄入不仅有利于个人身体健康，对社会节能减排同样具有重要的意义。

旅游者餐饮碳足迹总量的计算在人均餐饮碳足迹测算基础上，与游客数量及停留天数密切相关，为此从国内一日游游客、入境过夜游客及国内过夜游客等三个类别分别进行计算，结果显示：2016 年西安国内一日游游客碳足迹总量为 265.33×10^6kg、入境过夜游客碳足迹总量为 10.53×10^6kg、国内过夜游客碳足迹总量为 366.94×10^6kg，2016 年西安游客餐饮碳足迹共计 642.80×10^6kg，总体人均餐饮碳足迹为 4.28kg。

6.4.2 住宿碳足迹

旅游住宿碳足迹是指各类住宿部门在为旅游者提供住宿接待的过程中为了完成酒店室内加热、制冷、照明或衣物洗涤等服务而消耗煤炭、电力、蒸汽、煤气等一次或二次能源所造成的碳排放。不同档次住宿部门因提供服务门类与节能设备配备的差别而造成人均每晚碳排放系数存在较大的差异。目前，国内对旅游住宿碳足迹的计算多是借鉴国外研究成果，因此在对高斯林（Gössling，2008）、郭（Nae - Wen Kuo，2009）[129,176] 等国外引用率较高文献中的碳排放系数修订基础上，结合国内旅游的特征，确定了本章的计算参数（见表6－5）。在各类住宿部门中，星级酒店的碳排放系数最高，为每人每晚20.6kg；其次是家庭旅馆，碳排放系数为每人每晚15.9kg；B&B 和露营方式最为环保，碳排放系数仅为4.14kg 和1.36kg。

表6－5　　　　　　西安市旅游住宿碳排放系数与设施使用率

住宿接待设施	人均每晚碳排放量（kg/visitor·night）	使用率（%）
星级酒店	20.6	83.12
家庭旅馆	15.9	4.56
度假村	14.3	6.23
社会宾馆	14.0	6.09
B&B	4.14	—
露营	1.36	—

2016 年西安市各类住宿部门共接待海内外过夜游客5149.03 万人次。由西安市酒店协会市场抽样调查，有83.12% 的游客选择星级酒店，6.09% 的游客选择社会宾馆，6.23% 的游客选择度假村，2.72% 的游客选择家庭旅馆，碳排放系数较小的露营与 B&B 的住宿方式在调查中没有涉及，这与西安住宿设施结构基本吻合。

2012～2015 年受国家政策影响，国内酒店行业普遍进入低谷期；2016 年西安市星级酒店总体效益止跌上升，高星级酒店客房出租率均重返60% 以上，基本恢复到 2011 年以前的水平（见图 6-3）。从另一方面也反映出星级酒店是西安市旅游住宿接待的绝对主体，其他类型住宿设施相对较为薄弱、有待完善。从不同住宿设施停留时间来看，选择度假村度假的旅游者往往出于休闲、娱乐、放松的目的，停留时间较长，平均达到 5.72 晚，远远高于其他住宿类型。自 2014 年我国人均 GDP 超过 7000 美元大关，国内休闲度假游已进入加速发展时期，然而 9.74% 选择度假村的比例在一定程度上暴露了西安市度假旅游市场发展相对滞后，旅游产品供给未能跟上国内度假需求增长的节奏，呈现产品类型老化的问题，也是近年来西安游客平均停留时间不断减少的重要原因。

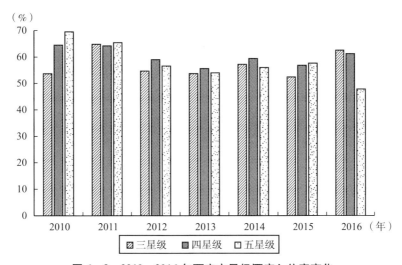

图 6-3　2010~2016 年西安市星级酒店入住率变化

总体来看，西安市 2016 年旅游住宿碳足迹总量为 $2692.86 \times 10^6 kg$，住宿碳足迹均值为 52.30kg。星级酒店产生的碳足迹 $2230.58 \times 10^6 kg$，占碳足迹总量的 82.83%；度假村、家庭旅馆、社会宾馆产生的碳足迹分别为 $262.39 \times 10^6 kg$、$101.54 \times 10^6 kg$、$98.34 \times 10^6 kg$，分别占碳足迹总量的 9.74%、3.77%、3.65%（见表 6-6）。延长游客停留时间与增加住宿人数，都是提高能源利用效率、减少旅游住宿能耗的方法，同时降低旅游住宿部门对传统能源的依赖，提高清洁能源使用率、改进能源利用技术迫在眉睫。

表 6 - 6　　　　　　　　　　2016 年西安市旅游住宿碳足迹

住宿设施	平均停夜数（晚）	旅游者数量（万人次）	旅游者停留夜数（万人晚）	碳足迹（10^6kg）	比例（%）	单项碳足迹（kg/visitor）
星级酒店	2.53	4279.87	10828.08	2230.58	82.83	52.12
社会宾馆	2.24	313.58	702.41	98.34	3.65	31.36
度假村	5.72	320.78	1834.89	262.39	9.74	81.80
家庭旅馆	2.72	234.80	638.64	101.54	3.77	43.25
合计	—	5014.97	14004.02	2692.86	100	—

总体平均停留夜数（night）：2.72

总体住宿碳足迹均值（kg/visitor）52.30

6.4.3　交通碳足迹

从既有研究成果来看，旅游交通能耗占旅游系统能耗总量的绝大部分，部分情况下甚至可能超过 90%[177]。交通是旅游业碳排放的重点，也是旅游业开展节能减排的关键。在对旅游交通碳排放测算问题，学者们对旅游交通界限的确定有不同的思路。在借鉴姚治国[178]研究思路的基础上，为防止漏损又进行了进一步完善。

将旅游交通分为旅游客源地往返旅游目的地之间的大交通与旅游目的地内部本地交通两部分，旅游交通碳足迹总量等于这两部分产生的碳足迹之和。对外部交通又可进一步分为包括港澳台同胞在内的入境游客外部交通、省外游客外部交通与省内游客外部交通等三个部分。因为本地交通碳排放的测算与游客停留时间密切相关，因此再次将本地交通划分为境内外过夜游客本地交通与一日游游客本地交通两个部分（见图 6 - 4）。

1. 外部交通碳足迹测算

（1）入境游客外部交通碳足迹。

通过查询陕西省统计局的《西安市旅游市场抽样调查报告》，获取了 2016 年西安市入境接待量排名前 13 位的客源国家或地区及相应接待比例（按

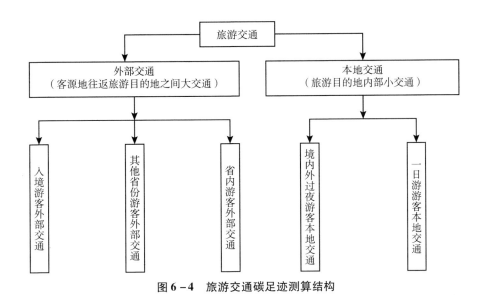

图 6-4 旅游交通碳足迹测算结构

照我国旅游统计的规则，港澳台地区也被列为入境游客统计范畴）。依据游客接待数量，依次分别是我国的台湾、香港、澳门地区以及韩国、美国、英国、日本、澳大利亚、德国、马来西亚、法国、加拿大、意大利，这 13 个国家和地区游客总数达 105.465 万人，占入境游客总数的 78.67%。于是，便选取这 13 个客源地为研究样本计算入境游客外部交通碳足迹（见表 6-7）。

表 6-7　　　　　　　　2016 年西安市入境游客外部交通容量

客源（国家或地区）	客源接待规模		外部交通平均距离与交通容量		
	接待量（人次）	比例（%）	飞机飞行距离（km）	使用率（%）	交通容量（10^6 pkm）
中国台湾	178031.7	13.28	1602	100	570.41
中国香港	150817.5	11.25	1440	100	434.35
中国澳门	73330.82	5.47	1437	100	210.75
韩国	164759.7	12.29	1627	100	536.13

续表

客源（国家或地区）	客源接待规模		外部交通平均距离与交通容量		
	接待量（人次）	比例（%）	飞机飞行距离（km）	使用率（%）	交通容量（10^6 pkm）
美国	144784.8	10.80	12060	100	3492.21
英国	59120.46	4.41	9098	100	1075.76
日本	47323.18	3.53	2872	100	271.82
澳大利亚	47323.18	3.53	8919	100	844.15
德国	43033.26	3.21	8295	100	713.92
马来西亚	42631.08	3.18	3621	100	308.73
法国	41826.72	3.12	9110	100	762.08
加拿大	38743.34	2.89	9430	100	730.70
意大利	22924.26	1.71	8026	100	367.98
合计	1054650.02	78.67	—	—	10319.01

人均出行距离（km）：9784.30

说明：（1）航空距离为西安与各国首都及中国香港、澳门、台北之间的航程，部分航班有中转，中转地点的选择遵循航线距离组合最短原则；（2）飞机旅程数据由国际航班信息整理；（3）统计数据来源于陕西省旅游局。

　　旅游交通容量代表旅游交通实际运行数量，由旅游者数量与运行距离两个因素共同决定，是交通实际承载能力的体现，也是计算旅游交通碳足迹最重要的指标。由于西安地处我国西北内陆地区，入境游客往返外部交通默认航空运输方式，旅游者旅行距离采用公共交通信息和 GIS 软件获取，航空距离为西安与各国首都和中国香港、澳门、台北之间的航程，部分航班有中转，中转地点的选择遵循航线距离组合最短原则。按第 3 章构建的计算模型，经过计算得到：13 个入境游客源国和地区交通容量为 10319.01 × 10^6 pkm，人均出行距离 9784.30km；碳足迹总量为 1656.28 × 10^6 kg，人均碳足迹 1570.38kg（见表 6 - 8）。

表 6 - 8　　　　　　　　　**2016 年西安市入境游客外部交通碳足迹**

交通模式	CO_2 排放强度 β_i（kg/pkm）	均衡因子 ε_i	交通容量 （10^6pkm）	总人数 （万人次）	碳足迹总量 （10^6kg）
航空（境外）	0.15	1.07	10319.01	105.47	1656.28
人均碳足迹（kg/visitor）：1570.38					

（2）其他部分省份国内游客外部交通碳足迹。

通过查询陕西省统计局《西安旅游产业统计监测报告》、西安市旅游局抽样统计资料获取了 2016 年西安市国内游客接待量排名前 30 的省份及其对应游客比例。2016 年西安市共接待省外游客占国内游客总数的 55.38%，达到 8239.81 万人次。选取除陕西省外的其余 29 个省份为样本，研究西安市国内其他省份游客外部碳足迹。交通方式包括飞机、火车、汽车三类，交通工具使用比例来源于项目组市场调研。不同交通工具的运行距离同样采用公共交通信息和 GIS 软件，以获取不同直辖市及省会级城市与西安市距离数据；部分航班与火车有中转，中转地点的选择遵循航线、火车运行距离组合最短原则；火车运行距离首选高铁或动车运行距离，未开通的选择运行速度最快的班次运行距离。

由表 6 - 9 西安市其他部分省份国内游客外部交通容量测算结果来看，2016 年航空方式的旅游交通容量为 72722.56 × 10^6pkm，火车方式的旅游交通容量为 71864.02 × 10^6pkm、汽车方式的旅游交通容量为 17558.34 × 10^6pkm。飞机、火车与汽车平均出行距离则分别为 2493.92km、2130.33km、1780.06km（见表 6 - 9、表 6 - 10）。

国内游客是西安市旅游接待最主要的客源。2016 年西安市接待国内游客 14878.68 万人次，占接待总量的 99.11%。因此，国内游客外部交通碳足迹是构成旅游交通碳足迹的主体，将直接影响旅游交通碳足迹总量与结构。表 6 - 11 显示，西安市 2016 年国内其他部分省份游客外部交通产生的碳足迹总量为 15678.57 × 10^6kg，游客人均碳足迹年均值为 215.49kg。从具体交通方式比较而言，乘坐飞机出行的游客人均碳足迹高达 400.27kg；乘坐汽车出行的游客人均碳足迹 214.94kg；火车则为"低碳环保型"出行方式，人均碳足迹仅为 55.92kg。

表6-9　2016年西安市其他部分省份国内游客外部交通容量

客源市场			外部交通容量								
客源地区	游客数量（万人次）	比例（%）	飞机飞行距离（km）	使用率（%）	交通容量（10^6 pkm）	火车运行距离（km）	使用率（%）	交通容量（10^6 pkm）	汽车运行距离（km）	使用率（%）	交通容量（10^6 pkm）
河南	749.82	5.04	467	13	910.44	523	62	4862.75	480	25	1799.58
浙江	543.83	3.66	1229	46	6148.95	1470	43	6875.07	1321	11	1580.47
山西	477.91	3.21	2513	5	1200.99	579	72	3984.62	608	23	1336.62
北京	444.95	2.99	1034	17	1564.27	1216	67	7250.19	1090	16	1551.99
广东	428.47	2.88	1327	52	5913.23	2119	40	7263.43	1631	8	1118.14
江苏	379.03	2.55	1087	32	2636.85	1428	55	5953.83	1302	13	1283.10
四川	370.79	2.49	606	19	853.86	658	60	2927.77	772	21	1202.25
河北	321.35	2.16	651	16	669.44	935	68	4086.32	797	16	819.58
山东	321.35	2.16	777	25	1248.46	1172	57	4293.53	909	18	1051.59
湖北	304.87	2.05	682	12	499.02	1050	67	4289.56	735	21	941.14
甘肃	288.39	1.94	479	13	359.17	568	71	2326.07	634	16	585.09
辽宁	255.43	1.72	1683	76	6534.42	1898	22	2133.18	1759	2	179.72
福建	238.95	1.61	1515	73	5285.44	1964	22	2064.95	1668	5	398.58
湖南	230.71	1.55	955	46	2027.06	1412	45	2931.92	987	9	409.89
安徽	214.24	1.44	960	49	2015.52	1191	45	2296.39	923	6	237.29
云南	197.76	1.33	1268	72	3610.86	1548	20	1224.50	1488	8	470.82

续表

客源地区	客源市场		外部交通容量								
	游客数量（万人次）	比例（%）	飞机飞行（km）距离	使用率（%）	交通容量（10⁶ pkm）	火车运行（km）距离	使用率（%）	交通容量（10⁶ pkm）	汽车运行（km）距离	使用率（%）	交通容量（10⁶ pkm）
上海	181.28	1.22	1351	70	3428.65	1509	25	1367.73	1371	5	248.53
黑龙江	148.32	1.00	2044	82	4971.81	2633	12	937.24	2307	6	410.60
内蒙古	148.32	1.00	894	83	2201.08	1064	14	441.86	982	3	87.39
天津	131.84	0.89	993	78	2042.26	1232	18	584.72	1146	4	120.87
江西	131.84	0.89	1078	78	2217.08	1383	17	619.92	1094	5	144.23
广西	115.36	0.78	1832	84	3550.42	1877	13	562.97	1619	3	112.06
吉林	115.36	0.78	1957	89	4018.43	2378	8	438.91	2037	3	140.99
重庆	115.36	0.78	603	38	528.66	738	46	783.23	686	16	253.23
宁夏	115.36	0.78	560	67	865.64	806	8	148.76	707	25	407.79
贵州	107.12	0.72	933	84	1679.00	1085	11	255.69	1060	5	113.54
新疆	98.88	0.66	2306	85	3876.21	2547	8	402.95	2580	7	357.15
青海	49.44	0.33	721	14	99.81	756	68	508.31	868	18	154.49
海南	49.44	0.33	1860	96	1765.56	2409	2	47.64	2106	2	41.65
合计	7275.75	48.90	—	—	72722.56	—	—	71864.02	—	—	17558.34

说明：（1）航空距离为西安与各直辖市及部分省会级城市之间的航程，部分航班有中转，中转地点的选择遵循航线距离组合最短原则；（2）火车运行距离首选高铁或动车运行距离，未开通的选择运行速度最快的班次运行距离；（3）不同省份客源数量来源于陕西省统计局，交通工具使用率来自项目组抽样调查。

表6-10　2016年西安市其他部分省份国内游客外部交通平均出行距离

客源地区	游客数量（万人次）	飞机使用率（%）	飞机使用人数（万人次）	飞机交通容量（10^6 pkm）	火车使用率（%）	火车使用人数（万人次）	火车交通容量（10^6 pkm）	汽车使用率（%）	汽车使用人数（万人次）	汽车交通容量（10^6 pkm）
河南	749.82	13	97.48	910.44	62	464.89	4862.75	25	187.46	1799.58
浙江	543.83	46	250.16	6148.95	43	233.85	6875.07	11	59.82	1580.47
山西	477.91	5	23.90	1200.99	72	344.09	3984.62	23	109.92	1336.62
北京	444.95	17	75.64	1564.27	67	298.12	7250.19	16	71.19	1551.99
广东	428.47	52	222.80	5913.23	40	171.39	7263.43	8	34.28	1118.14
江苏	379.03	32	121.29	2636.85	55	208.47	5953.83	13	49.27	1283.10
四川	370.79	19	70.45	853.86	60	222.47	2927.77	21	77.87	1202.25
河北	321.35	16	51.42	669.44	68	218.52	4086.32	16	51.42	819.58
山东	321.35	25	80.34	1248.46	57	183.17	4293.53	18	57.84	1051.59
湖北	304.87	12	36.58	499.02	67	204.26	4289.56	21	64.02	941.14
甘肃	288.39	13	37.49	359.17	71	204.76	2326.07	16	46.14	585.09
辽宁	255.43	76	194.13	6534.42	22	56.20	2133.18	2	5.11	179.72
福建	238.95	73	174.44	5285.44	22	52.57	2064.95	5	11.95	398.58
湖南	230.71	46	106.13	2027.06	45	103.82	2931.92	9	20.76	409.89
安徽	214.24	49	104.98	2015.52	45	96.41	2296.39	6	12.85	237.29
云南	197.76	72	142.38	3610.86	20	39.55	1224.50	8	15.82	470.82
上海	181.28	70	126.89	3428.65	25	45.32	1367.73	5	9.06	248.53

续表

客源地区	游客数量（万人次）	飞机使用率（%）	飞机使用人数（万人次）	飞机交通客量（10⁶ pkm）	火车使用率（%）	火车使用人数（万人次）	火车交通客量（10⁶ pkm）	汽车使用率（%）	汽车使用人数（万人次）	汽车交通客量（10⁶ pkm）
黑龙江	148.32	82	121.62	4971.81	12	17.80	937.24	6	8.90	410.60
内蒙古	148.32	83	123.10	2201.08	14	20.76	441.86	3	4.45	87.39
天津	131.84	78	102.83	2042.26	18	23.73	584.72	4	5.27	120.87
江西	131.84	78	102.83	2217.08	17	22.41	619.92	5	6.59	144.23
广西	115.36	84	96.90	3550.42	13	15.00	562.97	3	3.46	112.06
吉林	115.36	89	102.67	4018.43	8	9.23	438.91	3	3.46	140.99
重庆	115.36	38	43.84	528.66	46	53.06	783.23	16	18.46	253.23
宁夏	115.36	67	77.29	865.64	8	9.23	148.76	25	28.84	407.79
贵州	107.12	84	89.98	1679.00	11	11.78	255.69	5	5.36	113.54
新疆	98.88	85	84.05	3876.21	8	7.91	402.95	7	6.92	357.15
青海	49.44	14	6.92	99.81	68	33.62	508.31	18	8.90	154.49
海南	49.44	96	47.46	1765.56	2	0.99	47.64	2	0.99	41.65
合计	7275.75	—	2915.99	72722.56	—	3373.38	71864.02		986.39	17558.34

平均出行距离（km）: 飞机: 2493.92　　火车: 2130.33　　汽车: 1780.06

说明：（1）以上游客数量数据来源于陕西省统计局；（2）交通工具使用率来自项目组抽样调查。

表 6 – 11　　　　2016 年西安市其他部分省份国内游客外部交通碳足迹

交通模式	CO_2 排放强度 β_i (kg/p km)	均衡因子 ε_i	交通容量 (10^6 pkm)	总人数 （万人次）	单项人均碳足迹 （kg/visitor）	碳足迹总量 (10^6 kg)
航空 （国内）	0. 15	1. 07	72722. 56	2915. 99	400. 27	11671. 97
火车	0. 025	1. 05	71864. 02	3373. 38	55. 92	1886. 43
汽车	0. 115	1. 05	17558. 34	986. 39	214. 94	2120. 17
合计	—	—	—	7275. 76	—	15678. 57

总体人均碳足迹 （kg/visitor）：215. 49

（3）省内游客外部交通碳足迹。

陕西省正在加快完善"两环三纵六辐射七横"的高速公路网、米字型高铁网、关中城际网、西安综合铁路枢纽等建设工作进度，目前省内城市之间铁路与公路交通四通八达，采用火车与汽车两种交通工具可完全满足人们省内出行需求。从西安市旅游局内部获取西安市接待省内各城市游客数量比例，通过查询公共交通信息获取各城市与西安市之间火车运行距离（高铁与动车优先），以西安市汽车站为坐标的省内城市间公路交通距离（高速公路优先）等数据。经计算得出：2016 年省内火车交通容量为 10642. 12 × 10^6 pkm、汽车交通容量为 14287. 49 × 10^6 pkm（见表 6 – 12）。火车与汽车人均出行距离分别为 515. 48km、312. 33km，碳足迹总量为 2004. 57 × 10^6 kg，人均碳足迹 30. 19kg（见表 6 – 13）。

（4）境外游客和国内游客外部交通碳足迹汇总。

旅游交通碳足迹是旅游碳足迹中占比最大的部分，外部交通因路线最长，选择碳排放系数最大的航空方式比例最高，因此在旅游交通碳足迹中占有最大的份额。只有明确了交通碳足迹中的组成结构，才可能为推进低碳旅游提供有价值的交通改进策略建议。

对西安市 2016 年入境游客和国内游客外部交通碳足迹进行汇总（见表 6 – 14），最后得到西安市旅游外部交通碳足迹总量为 19339. 34 × 10^6 kg，人均旅游外部交通碳足迹 137. 94kg。境外航空人均碳足迹 1570. 38kg，国内航空人均碳足迹 400. 27kg，汽车人均碳足迹 69. 15kg，火车人均碳足迹 39. 83kg。因飞机运输造成的碳排放占总量的 68. 92%，是旅游碳排放最主要的来源。

表 6 – 12　2016 年西安市省内游客外部交通平均出行距离与交通容量

省内城市间	游客数量（万人次）	火车使用率（%）	火车使用人数（万人次）	火车运行距离（km）	火车交通容量（10⁶pkm）	汽车使用率（%）	汽车使用人数（万人次）	汽车运行距离（km）	汽车交通容量（10⁶pkm）
榆林—西安	585.20	52.00	304.30	595.00	3621.22	48.00	280.90	572.00	3213.45
延安—西安	754.42	57.00	430.02	326.00	2803.73	43.00	324.40	318.00	2063.19
宝鸡—西安	1157.95	41.00	474.76	167.00	1585.70	59.00	683.19	174.00	2377.50
渭南—西安	1056.18	16.00	168.99	63.00	212.93	84.00	887.19	60.00	1064.63
咸阳—西安	1207.07	9.00	108.64	30.00	65.18	91.00	1098.43	28.00	615.12
商洛—西安	452.65	44.00	199.17	180.00	717.00	56.00	253.48	123.00	623.57
安康—西安	628.98	35.00	220.14	216.00	951.02	65.00	408.84	220.00	1798.88
杨陵—西安	88.05	28.00	24.65	89.00	43.88	72.00	63.40	78.00	98.90
铜川—西安	180.28	1.00	1.80	69.00	2.49	99.00	178.48	80.00	285.56
汉中—西安	528.09	25.00	132.02	242.00	638.99	75.00	396.07	271.00	2146.69
合计	6638.87	—	2064.50	—	10642.12	—	4574.37	—	14287.49
平均出行距离（km）									火车：515.48　　汽车：312.33

说明：（1）以上游客数量数据来源于西安市旅游局；（2）交通工具使用率来自项目组抽样调查。

表 6 – 13　　　　　　　2016 年西安市省内游客外部交通碳足迹

交通模式	CO_2 排放强度 β_i(kg/p km)	均衡因子 ε_i	交通容量 (10^6 pkm)	人均出行距离（km）	总人数（万人次）	单项人均碳足迹（kg/visitor）	碳足迹总量（10^6 kg）
火车	0.025	1.05	10642.12	515.48	2064.5	13.52	279.36
汽车	0.115	1.05	14287.49	312.33	4574.37	39.13	1725.21
合计	—	—	—	—	6638.87	—	2004.57

总体人均碳足迹（kg/visitor）：30.19

表 6 – 14　　　　2016 年西安市入境游客和国内游客外部交通碳足迹汇总

交通模式	CO_2 排放强度 β_i (kg/pkm)	均衡因子 ε_i	交通容量 (10^6 pkm)	总人数（万人次）	单项人均碳足迹（kg/visitor）	碳足迹总量（10^6 kg）
航空（境外）	0.15	1.07	10319.01	105.47	1570.38	1656.20
航空（境内）	0.15	1.07	72722.56	2915.99	400.27	11671.97
火车	0.03	1.05	82506.14	5437.88	39.83	2165.79
汽车	0.12	1.05	31845.83	5560.76	69.15	3845.38
合计	—	—	—	14020.10	—	19339.34

外部交通人均碳足迹（kg/visitor）：137.94

2. 本地交通碳足迹测算

本地交通碳足迹为海内外游客在西安本地参观、游览、度假中因乘坐交通工具而产生的碳足迹。本地旅游交通方式主要包括：城市公交系统、出租车、自驾车、步行与非机动车辆、其他等类型。其中，非机动车辆与步行碳排放强度为 0，是最"低碳环保"的出行方式；其次是城市公交系统，碳排放强度 0.075kg/pkm；最不"环保"的交通方式为出租车，碳排放强度为 0.153kg/pkm。由于入境游客在西安本地交通出行距离、平均停留时间与国内过夜游客基本无差异，因此将国内过夜游客与入境过夜游客视为一个整体，不作差异化区分，而将一日游游客进行单独统计。对本地交通碳足迹测算方法同前，不再赘述。另外，参考《国民低碳账本》、《中国旅游城市网誉报告》、姚治国[145]、石培华[179]等学者对市民利用各种交通工具出行距离的研究，最终确定了本地旅游交通碳排放计算参数（见表 6 – 15）。表 6 – 16 计算

结果显示：西安市 2016 年入境游客和国内游客本地旅游交通碳足迹总量为
440.49×10^6 kg，总体人均本地交通碳足迹 2.93kg。

表 6 − 15　　　　　2016 年西安市本地旅游交通碳排放计算参数

交通模式	游客平均每天出行距离（km）	CO_2 排放强度 β_i（kg/pkm）	均衡因子 ε_i	使用率（%）
城市公交系统	20	0.075	1.05	49
出租车	10	0.153	1.05	27
自驾车	25	0.115	1.05	20
步行/非机动车辆	6	0	—	2
其他	15	0.115	1.05	2

说明：交通方式使用率来自项目组市场调查。

表 6 − 16　　　　2016 年西安市入境游客和国内游客本地旅游交通碳足迹

游客	交通模式	旅游者数量（万人次）	平均停留天数（天）	碳足迹（10^6 kg）	碳足迹均值（kg/visitor）
过夜游客	城市公交系统	2523.02	2.72	108.09	4.28
	出租车	1390.24	2.72	60.75	4.37
	自驾车	1029.81	2.72	84.56	8.21
	步行/非机动车辆	102.98	2.72	0.00	0
	其他	102.98	2.72	5.07	4.93
	小计	5149.03	—	258.47	—
一日游游客	城市公交系统	4833.22	1	76.12	1.58
	出租车	2663.20	1	42.78	1.61
	自驾车	1972.74	1	59.55	3.02
	步行/非机动车辆	197.27	1	0.00	0
	其他	197.27	1	3.57	1.81
	小计	9863.71	1	182.02	—
	合计	15012.56	—	440.49	—

本地交通人均碳足迹（kg/visitor）：2.93

说明：旅游者数量＝旅游者总数×使用率，使用率由项目组调研获取，平均停留天数统一使用国
内过夜游客停留天数。

3. 旅游交通碳足迹汇总

对以上旅游交通外部与本地碳足迹进行汇总后得出西安市 2016 年旅游交通碳足迹总量为 $19779.84.44 \times 10^6$ kg，其中外部交通碳足迹 19339.34×10^6 kg、本地交通碳足迹 440.50×10^6 kg（见表 6 – 17）。因客源地往返于目的地之间的外部交通距离长，以国际旅游表现最为明显，加之航空方式选择比例高，造成外部交通碳足迹占总量比例高达 97.77%。结合前文分析，入境游客外部碳足迹仅占外部碳足迹总量的 8.55%，由此可见，国内游客交通碳足迹总量远远大于入境游客。一方面反映了西安市依赖国内市场的客源结构特点，另一方面也说明西安市与打造国际一流旅游目的地的目标还有很大的差距。

表 6 – 17　　　2016 年西安市入境游客和国内游客旅游交通碳足迹汇总

交通模式		单项人均碳足迹（kg/visitor）	碳足迹总量（10^6 kg）	比例（%）
外部交通	航空	441.11	13328.17	0.69
	火车	39.83	2165.79	0.11
	汽车	69.15	3845.38	0.2
	小计	—	19339.34	100
比例（%）			97.77	
本地交通	城市公交系统	2.5	184.21	41.82
	出租车	2.55	103.53	23.5
	自驾车	4.8	144.11	32.71
	步行/非机动车辆	0	0	0
	其他	2.88	8.65	1.96
	小计	—	440.5	100
比例（%）			2.23	
合计（10^6 kg）		—	19779.84	—

旅游交通总体人均碳足迹（kg/visitor）：141.08

6.4.4 旅游活动碳足迹

在旅游目的地参与旅游活动是游客最主要的旅游体验内容，由此也必定会产生一定资源与能源的消耗。贝肯（Becken，2002）在研究了新西兰旅游者参与的活动类型与碳排放强度之后发现，不同的吸引物与娱乐活动产生的碳足迹强度差别较大，旅游景点、景区与旅游娱乐场所是新西兰旅游业最主要的能源消耗部门。

西安市作为世界闻名的"四大文明古都"之一，拥有丰富的旅游资源，但长期以来旅游产品更新不足，产品结构仍然停留在以单一的观光产品为主的状态，呈现出历史文化产品强、自然生态产品、饮食烹调与休闲度假产品薄弱的特征，明显的产业结构缺陷导致无法适应国内旅游需求向休闲度假市场转移的趋势，游客停留天数与重游率持续下滑。

对旅游活动碳足迹的计算主要依托两类数据，一类是不同旅游活动的碳排放强度，一类是不同旅游吸引物与娱乐活动的参与比例及频次。前者主要参考了郭（Nae – Wen Kuo，2009）[176]、舒姗（Sussane）[144]、黎洁[180]等学者的相关研究成果；后者主要来源于项目组市场调查（见表 6 - 18）。因为游客参与的活动多存在项目组合的可能，因此该比例总和大于 100%。

表 6 – 18　　　　2016 年西安市旅游活动参与比例与碳排放相关系数

旅游活动类型	旅游活动名称	平均参与频次	参与者人数（万人次）	参与者占总人数比例（%）	能源消耗（MJ/visitor）	碳排放强度（kg/visitor frequency）
吸引物	自然观光	1.6	3182.66	21.2	8.5	0.417
	历史遗迹参观	2.5	6380.34	42.5	3.5	0.172
	主题公园	1.3	1696.42	11.3	8.5	0.417
娱乐	观看演出	1.1	3062.56	20.4	3.5	0.172
	节庆会展	1.2	1095.92	7.3	3.5	0.172

续表

旅游活动类型	旅游活动名称	平均参与频次	参与者人数（万人次）	参与者占总人数比例（%）	能源消耗（MJ/visitor）	碳排放强度（kg/visitor frequency）
活动	垂钓	1.4	630.53	4.2	26.5	1.67
	游泳/潜水	1.1	720.60	4.8	35.6	2.24
	温泉/休闲度假	2.1	1816.52	12.1	35.6	2.24
	皮划艇运动	1.2	240.20	1.6	35.6	2.24
	高尔夫	1.3	120.10	0.8	242.9	15.3
	使用动力的水上活动	2.3	675.57	4.5	242.9	15.3

从碳排放强度系数来看，使用动力的水上运动项目与需要复杂支持保障的高尔夫项目碳排放强度最高，达到每人每次 15.3kg。自然观光、历史遗迹参观、观看演出、节庆会展等项目的碳排放强度均小于每人每次 0.5kg。从控制碳排放的角度，低碳环保的游览与娱乐项目应成为积极鼓励开发的项目类型，高碳排放的活动应实行有效控制。

从 2016 年西安市旅游活动碳足迹的具体测算结果来看（见表 6 - 19），旅游活动碳足迹总量为 449.76×10^6 kg，小于旅游交通、旅游住宿与旅游餐饮碳足迹总量。旅游活动人均碳足迹 3.0kg/人，不仅远远低于旅游交通（141.18kg/人）和旅游住宿的人均碳足迹（52.3kg/人），也低于旅游餐饮的人均碳足迹（4.28kg/人），在食、住、行、活动四个旅游环节中碳排放的"贡献"最小，这点与国外相关研究差别较大。

从不同吸引物的类型与娱乐项目的碳排放量来看，42.5% 的游客参与历史遗迹参观项目，因活动耗能低，产生的碳足迹仅占总量的 5.61%。使用动力的水上活动及高尔夫运动，虽然参与人数比例不高，但由于能耗系数较大，造成的碳足迹分别达 237.73×10^6 kg、23.89×10^6 kg，所占比例分别为 52.86%、5.31%。温泉与休闲度假项目虽然参与游客比例仅有 12.1%，但是频次却达到了 2.1 次，碳排放量达 85.45×10^6 kg，总量占比 19%。

表 6-19 2016 年西安市旅游活动碳足迹测算

旅游活动类型	旅游活动名称	参与者总频次（万人频次）	碳排放系数（kg/visitor frequency）	碳足迹（10^6 kg）	比例（%）	单项均值（kg/visitor）
吸引物	自然观光	5092.32	0.417	21.23	4.72	0.67
	历史遗迹参观	14674.95	0.172	25.24	5.61	0.40
	主题公园	2205.37	0.417	9.20	2.04	0.54
娱乐	观看演出	3368.86	0.172	5.79	1.29	0.19
	节庆会展	1315.12	0.172	2.26	0.50	0.21
活动	垂钓	882.75	1.67	14.74	3.28	2.34
	游泳	792.67	2.24	17.76	3.95	2.46
	温泉/休闲度假	3814.74	2.24	85.45	19.00	4.70
	皮划艇运动	288.24	2.24	6.46	1.44	2.69
	高尔夫	156.13	15.3	23.89	5.31	19.89
	使用动力的水上活动	1553.82	15.3	237.73	52.86	35.19
合计	—	—	—	449.76	—	—

参与旅游活动平均频次（frequency）：1.74

旅游活动人均碳足迹（kg/visitor）：3.0

6.5 结果分析

将旅游碳足迹的测算按照旅游活动的过程分解为旅游餐饮碳足迹、旅游住宿碳足迹、旅游交通碳足迹与旅游活动碳足迹四个部分，每个部分产生的碳足迹的大小均受旅游者参与规模、平均停留时间、选择比例、频次等不同的变量与碳排放参数的直接影响。不同类型的旅游碳足迹总量与人均数值、分布结构存在巨大的差异。

6.5.1 旅游碳足迹总量与人均数量

旅游碳足迹是反映旅游产业环境影响的重要指标，通过对 2016 年西安市旅游碳足迹分解测算、数值汇总，最终得到了西安市旅游碳足迹的总量与年度人均值。从表 6 – 20 的汇总结果来看，西安市 2016 年旅游碳足迹总量为 $23565.26 \times 10^6 kg$，年度人均碳足迹为 200.66kg。按照碳足迹总量排序来看，旅游交通碳足迹（$19779.84 \times 10^6 kg$）＞旅游住宿碳足迹（$2692.86 \times 10^6 kg$）＞旅游餐饮碳足迹（$642.80 \times 10^6 kg$）＞旅游活动碳足迹（$449.76 \times 10^6 kg$）。人均碳足迹数值可以反映出旅游业对环境影响的强度。从具体数值来看，旅游交通年人均碳足迹（141.08kg）最大，甚至是旅游活动年人均碳足迹的 47.02 倍，是旅游业碳排放绝对的"主力"。

表 6 – 20 　　　　　　　　　　2016 年西安市旅游碳足迹汇总

项目	旅游餐饮	旅游住宿	旅游交通	旅游活动
碳足迹数量（$10^6 kg$）	642.8	2692.86	19779.84	449.76
比例（%）	2.73	11.43	83.94	1.91
单项均值（kg/visitor）	4.28	52.3	141.08	3

旅游碳足迹总量（$10^6 kg$）：23565.26

年度总体旅游碳足迹人均值（kg/visitor）：200.66

6.5.2　足迹分布结构

在 2016 年西安市旅游餐饮、旅游住宿、旅游交通、旅游活动组织的部门来看，交通部门碳足迹占比最高，达到 83.94%；其次是旅游住宿部门（11.43%）、旅游餐饮部门（2.73%）；最后是旅游活动组织的景区与娱乐部门（1.91%）。与姚治国对海南省、高丽敏对北京市、陶玉国等对江苏省、黄玉菲对丽江市的碳足迹研究相比[164,167~169]，碳足迹各部门贡献排序基本一致，但相比之下，西安旅游产业碳足迹在交通部门的集中度处于较高水平。之所以会出现这个问题，有以下几个原因：

（1）西安市属于典型的西北内陆地区，与排名前 13 位的最重要的旅游入境旅游客源地距离均较远，使得入境航空旅游交通容量大，碳足迹不易控制。

（2）西安作为西北地区最大的城市，是连通陕西省内及西北、中原、西南的重要交通枢纽，高速公路网络密集，公路交通四通八达。随着全国私家车保有量的不断提高，自驾游或当地租车自驾的方式成为许多游客西安之行的重要交通工具选择。

（3）过夜游客比例明显偏低，加之游客平均停留时间不断下滑，导致餐饮、住宿、旅游活动的碳足迹总量占比不大。2016 年西安市共接待境内外游客总数 15012.74 万人次，其中过夜游客总计 5149.03 万人次，仅占到总数约34.30%。国内游客平均停留 2.72 天，入境游客停留 2.92 天，可见碳足迹排放结构与客源结构密切相关。

6.5.3 旅游生态效率

1. 旅游总收入与部门收入

对旅游生态效率的测度除了需要旅游环境影响的量化指标外，还需要获得旅游经济效益指标。经济效益指标可选择旅游业增加值或旅游总收入，由于西安市旅游业增加值并未列入常规旅游统计门类，因此使用了西安市旅游总收入的数据。为了进一步切分总收益中旅游餐饮、旅游住宿、旅游交通、旅游活动四个部分的具体收益，利用西安市统计局《2016 年西安市旅游市场抽样调查》游客花费比例对以上四个部分进行了核算。整个核算过程以入境旅游过夜游客、国内过夜游客和国内一日游游客等三个类别进行了分别计算，最终得到了包含旅游餐饮、旅游住宿、旅游交通、旅游活动在内的 2016 年西安市旅游收益结构（见表 6 – 21）。

表 6 – 21　　　　　　　　2016 年西安市旅游者消费结构

消费项目	国内过夜游客（亿元）	花费比例（%）	入境过夜游客（亿元）	花费比例（%）	一日游游客（亿元）	花费比例（%）	合计（亿元）
餐饮	52.98	8.6	4.82	8.0	115.90	21.56	173.70
住宿	99.18	16.1	5.84	9.7	0.00	0.00	105.02
交通	227.93	37.0	24.45	40.6	138.37	25.74	390.75

续表

消费项目	国内过夜游客（亿元）	花费比例（%）	入境过夜游客（亿元）	花费比例（%）	一日游游客（亿元）	花费比例（%）	合计（亿元）
游览	45.59	7.4	3.37	5.6	98.43	18.31	147.38
购物	68.99	11.2	10.54	17.5	94.72	17.62	174.25
娱乐	55.44	9.0	3.85	6.4	42.84	7.97	102.14
其他	65.91	10.7	7.35	12.2	47.31	8.80	120.57
合计	616.02	—	60.22	—	537.57	—	1213.81

2016 年西安市国内游客的旅游消费支出比例为：交通 37.0%、住宿 16.1%、餐饮 8.6%、景区游览 7.4%、娱乐 9.0%、购物 11.2%、其他 10.7%。入境游客花费结构比例为：交通 40.6%、住宿 9.7%、餐饮 8.0%、景区游览 5.6%、娱乐 6.4%、购物 17.5%、其他 12.2%。一日游旅游者花费结构比例为：交通 25.74%、餐饮 21.56%、景区游览 18.31%、娱乐 7.97%、购物 17.62%、其他 8.8%。利用以上花费比例，旅游创汇按 2016 年 1：6.6423 的美元与人民币兑换率计算，可得出 2016 年西安市旅游餐饮、旅游住宿、旅游交通、旅游活动的收入依次为：173.7 亿元、105.02 亿元、390.75 亿元、249.52 亿元。

2. 旅游生态效率的计算结果

按照第 3 章介绍的旅游生态效率计算模型，对 2016 年西安市旅游生态效率进行了计算（见表 6-22）。结果显示，基于碳足迹的旅游餐饮、旅游住宿、旅游交通、旅游活动的生态效率比值分别为 0.037kgCO_{2-e}/¥、0.256kgCO_{2-e}/¥、0.506kgCO_{2-e}/¥、0.018kgCO_{2-e}/¥，意味着每 1 元旅游餐饮收入、住宿收入、交通收入、旅游活动收入中将分别产生 0.037kg、0.256kg、0.506kg、0.018kg 的二氧化碳排放量。可见，旅游各部门的生态效率的优劣排序依次为旅游活动＞旅游餐饮＞旅游住宿＞旅游交通。

表 6 – 22   2016 年西安市旅游生态效率计算结果

类别	测算指标	旅游生态效率比值 （$kgCO_{2-e}$/￥）
旅游餐饮	旅游餐饮碳足迹（10^6kg）：642.80	0.037
	旅游餐饮总收入（10^8￥）：173.70	
旅游住宿	旅游住宿碳足迹（10^6kg）：2692.86	0.256
	旅游住宿总收入（10^8￥）：105.02	
旅游交通	旅游交通碳足迹（10^6kg）：19779.84	0.506
	旅游交通总收入（10^8￥）：390.75	
旅游活动	旅游活动碳足迹（10^6kg）：449.76	0.018
	旅游活动总收入（10^8￥）：249.52	
旅游业总体	旅游总体碳足迹（10^6kg）：23608.86	0.195
	旅游总收入（10^8￥）：1213.81	

旅游生态效率是反映城市旅游系统可持续发展能力的有效测度，是生态文明视角下城市旅游发展分析的重要组成部分，也是研究的重点之一。经过最终测算，西安市 2016 年旅游总体生态效率值为 0.195$kgCO_{2-e}$/￥，也即每 1 元旅游经济的收入将产生 0.195kg 的 CO_2 排放量。

3. 旅游生态效率区域差异对比

旅游生态效率作为旅游研究的新热点，部分国内外旅游者通过实证研究的方法对不同的旅游目的地的旅游生态效率进行了研究。从国内已有研究来看，肖建红（2011）对舟山群岛地区，章锦河（2008）对黄山和九寨沟，姚治国（2015）对海南省进行了旅游生态效率的实证研究[181~182,178]（见表 6 – 23），由于以上这些学者均采用了基于碳排放的旅游生态效率研究方法，因此结果在一定程度上具有可比性。

表 6 – 23 　　　　　　　　　　不同地区旅游生态效率的比较

案例研究地区	旅游生态效率比值（$kgCO_{2-e}$/￥）
舟山群岛	0.037
黄山	0.202
九寨沟	0.306
海南省	0.559
西安	0.195

在比较的五个不同地区中，生态效率值最优的是舟山群岛（0.037kg CO_{2-e}/￥），西安市排名第二（0.195$kgCO_{2-e}$/￥），生态效率最不理想的是海南（0.559$kgCO_{2-e}$/￥）。西安市旅游生态效率位于中等偏上水平，与舟山群岛还存在较大差距。

4. 旅游生态效率评价

对应评价标准，表 6 – 23 中的国内五个案例研究地区，仅有舟山群岛（0.037$kgCO_{2-e}$/￥）生态效率处于健康状态，其余包括西安在内的四个研究案例地区的旅游生态效率值均处于亚健康状态。可见，国内旅游的发展普遍存在生态效率偏低的问题，节能减排、优化效率任重而道远。从具体不同部门的生态效率来看，西安市旅游业发展呈现如下特点：

（1）旅游交通碳排放比例过大。西安市单项旅游交通生态效率是四个组成部分中最大的一个，达到 0.507$kgCO_{2-e}$/￥，意味着旅游交通每产生一元的收益就会向环境排放 0.506kg 二氧化碳。旅游交通不仅单项生态效率值低，同时其碳排放总量巨大，占到产业总排放量的 83.97%，相比舟山群岛 77.48%，交通碳足迹占比过高是西安市提升旅游生态效率需首要解决的问题。西安是典型的西北内陆型城市，与主要入境旅游客源地距离较远，航空方式使用比例高导致入境游客外部交通碳足迹大，且不易压缩。同时，作为西北地区最大的交通枢纽，西安公路路网发达，随着家庭汽车保有量的不断提高，自驾游或本地租车自驾方式成为许多家庭出行方式的首选。2016 年西安交通碳足迹构成中，汽车方式占外部交通碳足迹的 20.1%、本地交通碳足迹的 32.71%。为提升西安市旅游生态效率，除了要加速完善以高铁为主体的铁路运行网络以提升铁路在外部交通的利用率，还需较大幅度地增加本地公交系统、公共轨道系统的游客出行分担率，同时争取以便捷的内外部交通条件，引导游客选择低碳、环保的出行方式，以减少高碳排放的航空与自驾车的出行比例。

（2）游客住宿类型选择过于集中。此次测算的西安市单项旅游住宿生态效率值为 0.256kgCO$_{2-e}$/￥，较之表 7 – 21 中旅游生态效率最低的海南省住宿单项生态效率（0.20kgCO$_{2-e}$/￥）更不理想。主要原因有两点：一是西安市旅游住宿接待部门以星级酒店为主体，其他能耗小的接待部门如社会宾馆、度假村、露营地、B&B 等不够发达，接待水平与规模有限，导致 83.12% 的过夜游客选择较高能耗的星级酒店；二是过夜游客比例仅为 34.3%，且停留时间持续下滑，住宿部门经济效益不佳。未来一方面要努力完善西安住宿接待部门的结构，鼓励发展能耗更低的住宿类型，星级酒店要率先提高节能设备与新型环保技术的利用率以降低酒店运营的能耗；另一方面，在过夜游客平均停留时间不断下滑的背景下，西安酒店行业要避免恶性的价格战，在服务品质、服务特色上下大功夫，努力做好酒店的个性定位，来提升酒店的经济效益，优化旅游生态效率。

（3）旅游活动与旅游餐饮生态效率比较理想，分别为 0.018kgCO$_{2-e}$/￥、0.037kgCO$_{2-e}$/￥。按照中国人的膳食结构，摄入"高碳密集型"的肉禽类食物品种数量相对较少，因此，以较低能耗的蔬菜、瓜果为主要饮食结构的汉族为主的地区，因餐饮而产生的碳足迹普遍不大，生态效率较为可观。

西安这座古老的城市，旅游产品开发仍然基本停留在主要依靠观光型产品为主的层面，虽然无法满足全国旅游市场普遍呈现的游客兴趣点转移的新局面，但就旅游活动生态效率来看，高碳排放的旅游娱乐项目比例较低、低能耗的观光游览所带来的旅游收益远远大于游览产生的碳足迹，所以单项生态效率值最佳。

6.6　本章小结

本章采用旅游生态效率模型，并利用旅游碳足迹为旅游环境影响指标，以旅游总收入为旅游业经济价值指标，对西安市旅游生态效率进行了实证研究。旅游生态效率研究的难点在于对旅游碳足迹的测算。本章以旅游生命周期 LCA 理论为依据，采用"自下而上"的过程分析法对旅游碳足迹测算的边界进行了重新设定，参考国内外旅游碳足迹的变量参数并结合权威统计数据与项目小组市场调研数据，对西安市 2016 年旅游生态效率进行了实际测算。最后，按照第 3 章的城市旅游生态效率分析评价标准，对西安市旅游生态效率情况进行了分析。

通过案例的实证研究，主要结论如下：

（1）西安市 2016 年旅游碳足迹总量为 23608.86 × 10^6 kg，年度人均碳足迹为 200.76kg。按照分类排放量排序来看，旅游交通碳足迹（19823.44 × 10^6 kg）＞旅游住宿碳足迹（2692.86 × 10^6 kg）＞旅游餐饮碳足迹（642.80 × 10^6 kg）＞旅游活动碳足迹（449.76 × 10^6 kg）。四个部分依次占比为：83.97%、11.41%、2.72%、1.91%。交通部门与住宿部门是旅游业碳足迹的最主要的"贡献者"。

（2）对旅游交通碳足迹内部构成比例来看，外部交通碳足迹占总量的 97.78%，是旅游交通碳足迹的绝对主体。其中，航空方式单项人均碳足迹高达 441.12 千克/人，产生碳足迹总量占外部交通碳足迹的 68.76%。航空方式是耗能最大、最不环保的交通工具类型。

（3）从各部门生态效率的优劣比较来看，旅游活动＞旅游餐饮＞旅游住宿＞旅游交通。由于西安市高碳排放的旅游娱乐项目比例较低、以低能耗的观光游览为主的产业结构带来的旅游收益远远大于游览产生的碳足迹，所以旅游活动单项生态效率值最佳。

（4）依据国际生态效率平均值、国外旅游生态效率最优与最劣值确定的旅游生态效率等级标准，西安市 2016 年旅游生态效率处于亚健康状态，旅游生态效率的优化任务艰巨。

第 7 章

西安市城市旅游发展的经济、环境协调性分析

按照生态文明对旅游可持续发展内涵的拓展，只有城市旅游发展在保证自身高效运行状态下，在更大范围内追求与环境、经济的优质耦合协调发展才是旅游可持续发展的最终目标。无论是低产业水平下的高协调，抑或是高协调下的产业低水平，都只是对可持续发展的片面理解。本章通过对西安市城市旅游发展与经济、环境协调性的实证研究，以期掌握西安市旅游发展与经济、环境的耦合协调水平与趋势，并进一步找到影响系统耦合协调的主要障碍，为推动西安市城市旅游协调发展奠定基础。

7.1 数据与权重

7.1.1 数据来源

本章研究使用的数据均来自政府统计部门公开发布的权威统计数据，具体来源于 2007～2016 年《中国旅游统计年鉴》《陕西省统计年鉴》《西安市统计年鉴》《旅游抽样调查资料》，部分数据由相应年份《陕西省国民经济和社会发展公报》、陕西省统计局网站、西安市旅游发展委员会网站数据补齐，以求最大程度地保证数据的权威性与可靠性。

在对原始数据的处理过程中，特别需要说明的是：①现有研究绝大部分对废水、SO_2、烟尘的排放只考虑工业排放，而本着生态文明社会建设的需要，应全方位考虑环境压力的影响，因此对 C9 废水排放总量、C10 SO_2 排放总量、C11 烟尘排放总量三个指标的统计是分别对工业排放与生活排放两个途径排放量求和后的最终数值。②对 C25 旅游从业人数的统计是包含星级饭店、旅行社与景区三类企业在内的从业人数的总和。③在利用熵值法进行赋权的过程中，道路交通噪声平均值、建成区绿化覆盖率、环境污染治理投资占 GDP 比例等三项指标 $W_i \leqslant 0.001$，按照熵值赋权的规则，说明此三项指标对整个评价体系的影响可忽略不计，故在本次实证研究中予以剔除。④由于 2013 年 3 月 2 日，环保部发布了新修订的《环境空气质量标准》，调整了污染物项目及限值，在主要监测 PM10 的基础上，进一步增设了 PM2.5 平均浓度限值和臭氧 8 小时平均浓度限值，因此自 2013 年开始对西安市空气质量监测采取了更为严格的新标准，进而导致 2007～2016 年 10 年间标准不一的问题。为了保证对 2007～2016 年生态环境动态变化评价的客观性，通过查阅 2013～2016 年《西安市环境质量报告书》，掌握了 2013～2016 年西安市 PM10 达标率，通过计算可得到旧标准指导下，更具比较性的 2013～2016 年空气质量达标率。⑤为了消除通货膨胀影响下的价格变动问题，便于进行历史数据的纵向比较，对分析指标体系中 C1 地区生产总值、C2 人均 GDP、C3 地区财政收入、C6 城镇居民可支配收入、C18 旅游总收入、C19 国际旅游收入、C24 旅游企业营业收入等价值量指标，采用环比指数法进行了不变价处理。具体方法为：以 2007 年为基期，即以 2007 年为 100，2008 年指标的不变价格 = 2007 年指标价值 × 2008 年的环比指数，2009 年指标的不变价格 = 2007 年指标价值 × 2008 年的环比指数 × 2009 年的环比指数，……，2016 年指标的不变价格 = 2007 年指标价值 × 2008 年的环比指数 × 2009 年的环比指数 × 2010 年的环比指数 × … × 2016 年的环比指数。

7.1.2 指标权重的确定

对旅游与经济、环境协调性分析体系由 3 个一级指标、9 个二级指标、26 个三级指标构成。其中，城镇人口失业率、废水排放总量、SO_2 排放总量、烟尘排放总量、道路交通噪声平均值、单位 GDP 能耗等 6 项指标为逆向指标。

按照第 3 章关于指标权重的确定方法，结合 2007 ~ 2016 年西安市具体统计数据，本章分别使用熵值法与复相关系数法求出了指标权重，并最后参照公式（3.36）使用"乘法"集成法得到西安市三大子系统协调性分析的最终权重，计算结果详见表 7 - 1。

表 7 - 1 西安市城市经济—生态环境—旅游产业协调发展分析指标体系

一级指标	二级指标	三级指标	熵值权重	复合相关系数法权重	组合权重
A1 城市经济系统	B1 经济规模总量	C1 地区生产总值（亿元）	0.1048	0.1239	0.1038
		C2 人均 GDP（元）	0.1033	0.1239	0.1022
		C3 地区财政收入（万元）	0.1321	0.1243	0.1313
	B2 经济结构特征	C4 第三产业比重（%）	0.1959	0.1258	0.1970
		C5 城镇人口失业率（%）	0.1605	0.1264	0.1621
		C6 城镇居民可支配收入（元）	0.0921	0.1262	0.0928
	B3 社会经济建设	C7 现有建成区面积（万平方米）	0.1372	0.1249	0.1369
		C8 人均拥有道路面积（平方米）	0.0741	0.1246	0.0738
A2 城市生态环境系统	B4 生态环境压力	C9 废水排放总量（万吨）	0.0896	0.1108	0.0894
		C10 SO₂ 排放总量（吨）	0.1521	0.1119	0.1533
		C11 烟尘排放总量（吨）	0.0834	0.1122	0.0843
	B5 生态环境状态	C12 空气质量达标率（%）	0.0881	0.1120	0.0888
		C13 人均公园绿地面积（平方米）	0.1753	0.1105	0.1743
		C14 单位 GDP 能耗（吨标准煤/万元）	0.1464	0.1105	0.1456
	B6 生态环境响应	C15 城市污水处理率（%）	0.1023	0.1114	0.1026
		C16 城市生活垃圾无害化处理率（%）	0.0677	0.1104	0.0672
		C17 工业固体废物综合利用率（%）	0.0951	0.1104	0.0946

一级 指标	二级指标	三级指标	熵值 权重	复合相关 系数法权重	组合权重
A3 城市 旅游 产业 系统	B7 旅游 市场规模	C18 旅游总收入（亿元）	0.1372	0.1105	0.1365
		C19 国际旅游收入（万美元）	0.1572	0.1124	0.1592
		C20 国内旅游总人数（万人次）	0.1355	0.1105	0.1348
		C21 入境旅游总人数（人次）	0.0721	0.1105	0.0718
	B88 旅游 要素结构	C22 旅行社总数（家）	0.0850	0.1107	0.0847
		C23 星级饭店总数（家）	0.1092	0.1107	0.1088
		C24 旅游企业营业收入（万元）	0.1044	0.1105	0.1039
	B9 旅游 人力资源	C25 旅游从业人数（人）	0.1466	0.1106	0.1461
		C26 旅游院校学生人数（人）	0.0529	0.1137	0.0542

从组合权重结果反映出，不同指标对整个系统耦合协调水平影响的差异。指标权重越大，意味着在整个系统中的分量越重；指标越小，意味着在整个系统中的分量越轻。在城市经济子系统中，影响力较高的三个指标依次是：C4 第三产业比重（0.1970）、C5 城镇人口失业率（0.1621）、C7 现有建成区面积（0.1369）；生态环境子系统中，影响力较高的三个指标依次是：C13 人均公园绿地面积（0.1743）、C10 SO_2 排放总量（0.1533）、C14 单位 GDP 能耗（0.1456）；旅游产业子系统中，权重排名前三的指标依次是：C19 国际旅游收入（0.1592）、C25 旅游从业人数（0.1461）、C18 旅游总收入（0.1365）。指标权重结果在一定程度上反映了西安市各系统未来发展需提升的重点。

7.2 分析与评价过程

7.2.1 构建加权规范化矩阵

由于不同的指标数据拥有不同的量纲，导致指标数据间没有可比性。为了消除原始数据的量纲，增强数据的可比性，使用公式（3.19）、公式（3.20）min-max 线性归一的方法对 26 个原始数据全部进行归一化处理。进而，利用前文确定的指标组合权重 ω_i，依次构建了西安市城市经济系统 Y_1、生态环境系统 Y_2 以及旅游产业系统 Y_3 等三个加权规范化矩阵。

$$
Y_1 = \begin{vmatrix}
0.0000 & 0.0000 & 0.0000 & 0.0000 & 0.1621 & 0.0000 & 0.0000 & 0.0000 \\
0.0108 & 0.0111 & 0.0080 & 0.0000 & 0.1459 & 0.0103 & 0.0023 & 0.0183 \\
0.0204 & 0.0207 & 0.0167 & 0.0246 & 0.1621 & 0.0255 & 0.0069 & 0.0283 \\
0.0325 & 0.0330 & 0.0315 & 0.0246 & 0.1459 & 0.0387 & 0.0583 & 0.0362 \\
0.0472 & 0.0480 & 0.0502 & 0.0493 & 0.0973 & 0.0538 & 0.0675 & 0.0428 \\
0.0595 & 0.0603 & 0.0693 & 0.0493 & 0.0324 & 0.0700 & 0.0841 & 0.0643 \\
0.0720 & 0.0727 & 0.0949 & 0.0493 & 0.0162 & 0.0826 & 0.1089 & 0.0684 \\
0.0853 & 0.0859 & 0.1149 & 0.0739 & 0.0162 & 0.0523 & 0.1167 & 0.0704 \\
0.0925 & 0.0924 & 0.1313 & 0.1724 & 0.0162 & 0.0829 & 0.1291 & 0.0738 \\
0.1038 & 0.1022 & 0.1289 & 0.1970 & 0.0000 & 0.0928 & 0.1369 & 0.0724
\end{vmatrix}
$$

$$
Y_2 = \begin{vmatrix}
0.0782 & 0.0248 & 0.0310 & 0.0828 & 0.0000 & 0.0000 & 0.0000 & 0.0000 & 0.0235 \\
0.0700 & 0.0350 & 0.0558 & 0.0867 & 0.0083 & 0.0162 & 0.0115 & 0.0363 & 0.0926 \\
0.0805 & 0.0650 & 0.0539 & 0.0882 & 0.0126 & 0.0297 & 0.0625 & 0.0362 & 0.0930 \\
0.0744 & 0.0679 & 0.0843 & 0.0882 & 0.0654 & 0.0350 & 0.0722 & 0.0504 & 0.0946 \\
0.0826 & 0.0000 & 0.0450 & 0.0888 & 0.0994 & 0.0998 & 0.1026 & 0.0497 & 0.0890 \\
0.0841 & 0.0255 & 0.0500 & 0.0888 & 0.1137 & 0.1052 & 0.0901 & 0.0546 & 0.0788 \\
0.0894 & 0.0385 & 0.0760 & 0.0000 & 0.1346 & 0.1106 & 0.0940 & 0.0507 & 0.0751 \\
0.0539 & 0.0510 & 0.0000 & 0.0388 & 0.1573 & 0.1186 & 0.1004 & 0.0488 & 0.0529 \\
0.0173 & 0.0514 & 0.0364 & 0.0607 & 0.1682 & 0.1402 & 0.0976 & 0.0672 & 0.0409 \\
0.0000 & 0.1533 & 0.0430 & 0.0287 & 0.1743 & 0.1456 & 0.0979 & 0.0617 & 0.0000
\end{vmatrix}
$$

$$Y_3 = \begin{vmatrix} 0.0000 & 0.0175 & 0.0000 & 0.0457 & 0.0000 & 0.0804 & 0.0124 & 0.1461 & 0.0185 \\ 0.0009 & 0.0000 & 0.0017 & 0.0000 & 0.0076 & 0.1088 & 0.0000 & 0.0000 & 0.0185 \\ 0.0084 & 0.0029 & 0.0088 & 0.0053 & 0.0113 & 0.1088 & 0.0094 & 0.0008 & 0.0216 \\ 0.0235 & 0.0163 & 0.0238 & 0.0262 & 0.0432 & 0.0402 & 0.0326 & 0.0742 & 0.0254 \\ 0.0410 & 0.0268 & 0.0401 & 0.0460 & 0.0308 & 0.0024 & 0.0440 & 0.0188 & 0.0321 \\ 0.0583 & 0.0371 & 0.0550 & 0.0647 & 0.0518 & 0.0000 & 0.0470 & 0.0208 & 0.0360 \\ 0.0803 & 0.0629 & 0.0794 & 0.0718 & 0.0518 & 0.0071 & 0.0432 & 0.0164 & 0.0330 \\ 0.0996 & 0.0669 & 0.1008 & 0.0487 & 0.0491 & 0.0662 & 0.0931 & 0.0949 & 0.0330 \\ 0.1169 & 0.1327 & 0.1186 & 0.0638 & 0.0513 & 0.0828 & 0.1001 & 0.1210 & 0.0542 \\ 0.1365 & 0.1592 & 0.1348 & 0.0696 & 0.0847 & 0.0851 & 0.1039 & 0.1214 & 0.0000 \end{vmatrix}$$

7.2.2 综合评价指数计算

按照公式（3.22）、公式（3.23），利用欧几米德距离公式计算得到了西安市26个指标在不同年份分别到正、负理想解的距离（见表7-2）。进而，再按照公式（3.24）分别对西安市三大子系统评价对象与最优值的贴近度 D_{ij} 进行计算，并运用该贴近度作为子系统的评价值，最后得到了2007~2016年西安城市经济综合评价指数 $g(x_j)$、生态环境综合评价指数 $g(y_j)$、旅游产业综合评价指数 $g(z_j)$（见表7-3）。

表7-2　　2007~2016年西安市三大子系统指标靠近/偏离正负理想解的距离

年份	城市经济系统		生态环境系统		旅游产业系统	
	d_j^+	d_j^-	d_j^+	d_j^-	d_j^+	d_j^-
2007	0.3318	0.1621	0.3019	0.1229	0.2552	0.1130
2008	0.3150	0.1485	0.2622	0.1646	0.2661	0.1019
2009	0.2828	0.1718	0.2257	0.1905	0.2442	0.1364
2010	0.2456	0.1768	0.1811	0.2173	0.2188	0.1668
2011	0.2146	0.1680	0.1820	0.2397	0.1335	0.2291
2012	0.2228	0.1777	0.1530	0.2437	0.0620	0.2941

续表

年份	城市经济系统		生态环境系统		旅游产业系统	
	d_j^+	d_j^-	d_j^+	d_j^-	d_j^+	d_j^-
2013	0.2174	0.2134	0.1571	0.2502	0.0641	0.3270
2014	0.1985	0.2342	0.1563	0.2471	0.2552	0.1130
2015	0.1493	0.3055	0.1472	0.2676	0.2661	0.1019
2016	0.1622	0.3305	0.1493	0.3018	0.2442	0.1364

表 7 - 3　　2007～2016 年西安市经济—环境—旅游产业耦合协调发展表征判断

年份	$g(x_j)$	$g(y_j)$	$g(z_j)$	C_i	T_i	D_i	耦合协调类型
2007	0.3283	0.2893	0.3899	0.9944	0.3250	0.5685	勉强耦合协调
2008	0.3203	0.3857	0.2537	0.9891	0.3331	0.5740	勉强耦合协调
2009	0.3779	0.4577	0.2651	0.9812	0.3873	0.6164	初级耦合协调
2010	0.4185	0.5454	0.3069	0.9797	0.4469	0.6617	初级耦合协调
2011	0.4391	0.5684	0.2770	0.9679	0.4584	0.6661	初级耦合协调
2012	0.4437	0.6143	0.3583	0.9819	0.4949	0.6971	初级耦合协调
2013	0.4953	0.6144	0.4325	0.9922	0.5304	0.7254	中级耦合协调
2014	0.5413	0.6126	0.6318	0.9983	0.5879	0.7661	中级耦合协调
2015	0.6717	0.6452	0.8259	0.9956	0.6919	0.8300	良好耦合协调
2016	0.6709	0.6690	0.8361	0.9959	0.7032	0.8368	良好耦合协调

评价指标与正理想解贴近度 D_{ij} 越高，说明该评价对象越理想，综合评价指数越优；反之，贴近度 D_{ij} 越低，说明该评价对象越远离理想状态，综合评价指数越差。

7.2.3　系统耦合度计算

将西安市旅游产业与城市经济、生态环境三大子系统放置同一个层面，经过研究三者耦合度，可掌握各子系统之间相互影响与作用程度的大小，能够判断三者从无序向有序转变的过程。利用前文计算得到的西安市三大子系统综合评价指数 T_i，并运用第 3 章构建的耦合度模型（公式（3.25）），便可获得西安市 2007～2016 十年间三大子系统耦合度 C_i 的变化情况（见表 7 - 3）。

7.2.4 系统耦合协调度计算

由于耦合度结果只能反映西安市三大子系统间相互作用的强弱，而无法反映其协调性水平，本章进而利用公式（3.26）求得西安市旅游产业与城市经济、生态环境三大子系统的综合评价指数 T_i。鉴于旅游产业是西安市城市经济的重要组成部分，2017 年旅游产业占城市 GDP 比值达到 19.39%，因此借鉴相关成果经验以及结合专家咨询的方式，将公式（3.26）中待定系数 α、β、γ 分别确定为 0.4、0.4、0.2，以代表城市经济、生态环境与旅游产业在整个巨系统中所占的比重。进而，利用公式（3.27），并结合西安市三大子系统综合评价指数的计算结果 T_i 以及耦合度 C_i，最终获得西安市三大子系统耦合协调度 D_i 的结果（见表 7 - 3）。

7.3 结 果 分 析

7.3.1 综合评价指数的变化

由表 7 - 3 可知，2006～2017 年 10 年间西安城市经济综合评价指数 $g(x_j)$ 由 0.3283 上升到 0.6709，总体增长幅度达 104.4%；生态环境综合评价指数 $g(y_j)$ 由 0.2893 上升到 0.6690，总体增长幅度达 131.2%；旅游产业综合评价指数 $g(z_j)$ 由 0.3899 上升到 0.8361，总体增长幅度达 114.4%。生态环境综合评价指数上升幅度最大，一方面体现了 2006 年西安市生态环境综合效益起点低，另一方面也客观反映了近十年来西安市在加大生态环境整治力度方面取得了一定的成绩。由图 7 - 1 城市经济—生态环境—旅游产业系统评价指数图，反映出三大子系统效益均呈现出整体稳定、发展势头良好的特征。

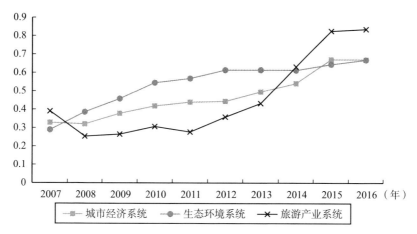

图 7 - 1 2007 ~ 2016 年西安市城市经济—生态环境—旅游产业系统评价指数

1. 旅游产业系统

从图 7 - 1 中三大子系统 2007 ~ 2016 年发展动态曲线来看，西安市旅游产业系统在 2013 ~ 2015 年间表现最强劲，上升最迅猛。具体来看，旅游产业系统的发展可以分为 2007 ~ 2008 年下滑期、2009 ~ 2011 年调整期、2012 ~ 2016 年急速上升期三个阶段。

2008 年面对席卷全球的金融危机、四川汶川地震、南方冰雪灾害等一系列重大事件，西安旅游业经受了巨大冲击，入境游客接待量由 2007 年的 100.01 万人次下滑至 63 万人次，旅游创汇由 5.43 亿美元减少至 3.59 亿美元，同比上一年分别降低 37%、33.9%。好在西安市旅游业抓住了 2008 北京奥运会的召开以及国内休假制度改革的机遇，充分挖掘、整合西安市旅游资源，注重旅游细分市场的培育与产品的开发，一方面较理想地遏制了入境旅游下滑的趋势，另一方面圆满地实现了国内市场在短期内企稳，为旅游市场的全面恢复创造了有利条件。

2009 ~ 2011 年是西安旅游业蓄势待发、积蓄力量的三年。汶川地震、全球金融危机的阴影尚未完全消退，2009 年甲型 H1N1 流感病毒大流行、乌鲁木齐"7·5"事件令国内旅游市场雪上加霜，而《关中—天水经济区发展规划》的出台为身处困境中的西安旅游业再次带来了机遇，以推动国际化大都市建设与 2011 年举办世界园艺博览会为突破口，西安市利用扩大宣传、区域联动、完善旅游产品体系、提升旅游产业水平等方法使旅游业在其他产业发展缓慢甚至上行受阻的情况下保持稳定增长。旅游总收入、旅游创汇、旅游接待人次、旅游企业营业收入等重要指标在 2009～2011 年间实现持续增长。尤其值得关注的是 2011 年西安入境旅游接待 100.23 万人次，实现旅游外汇收入 6.41 亿美元，相比 2007 年，入境旅游市场经过漫长的调整期已实现全面恢复。

在经历产业低谷与调整之后，2012～2016 年迎来了急速上升的新时期。2016 年实现入境旅游接待 134.06 万人次、国内旅游接待 1.48 亿人次、旅游总收入 1213.81 亿元，其中旅游创汇 9.07 亿美元，旅游总收入占 GDP 比例攀升至 19.39%，旅游业对城市经济的拉动作用越来越显著，国内外旅游接待规模与旅游收入均创历史最佳。

2. 城市经济系统

与旅游产业系统相比，城市经济系统效益曲线上升比较平稳，以 2012 年为分界线呈现出前慢后快的特征。千年古都西安，作为西北地区最大的中心城市，具有承东启西、贯通南北的区位优势。自 20 世纪 90 年代以来，国家的西部大开发战略使西安城市经济水平不断提升，配套设施日渐完善，三次产业结构"三二一"特征趋向稳定，第三产业对城市经济的贡献率稳步增长，西安市占据天时、地利与人和，城市经济基础相对优越。然而，在经历了 2007～2009 年间的全球金融危机、四川汶川地震、流感病毒大爆发、乌鲁木齐"7·5"事件……，复杂的国际与国内形势令西安市经济上行受阻。2009 年西安借国务院批准实施的《关中—天水经济区发展规划》的春风，以国际化大都市建设为契机，着力构建以高新技术为引领、先进制造业和现代服务业为重点、旅游和文化产业为支撑的现代产业体系，通过"扩内需""调结构"，实现了"保增长"的目标。2007～2012 年，西安市在逆境中地区生产总值由 1856.63 亿元增长至 4394.47 亿元、地区财政收入由 112.92 亿元增长至 396.96 亿元、城镇居民可支配收入由 12662 元增加至 29982 元，为城市经济进入快速上升期积蓄了能量、奠定了基础。

2013 年，国家主席习近平提出"一带一路"的合作倡议，西安再次被委以重任，作为"丝绸之路经济带"的核心城市、内陆开放开发高地，西安经济再次借势腾飞，进入快速发展时期。目前，"一带一路"上最大的内陆型国际中转枢纽港、商贸物流集散地和大西安东部城市新中心已具雏形。2016年，地区生产总值、人均GDP、城镇居民可支配收入、现有建成区面积等指标均创历史最佳。

3. 生态环境系统

西安市生态环境系统以2012年为分界线呈现出的前慢后快的特点比较明显。2007年西安市生态环境综合评价指数只有0.2893，在三大子系统中起点最低。同年，西安市废水排放、SO_2排放与烟尘排放处于历史较高水平，城市污水处理率、城市生活垃圾无害化处理率、工业固体废物综合利用率、环境污染治理投资占GDP比例均处于近10年以来最低水平，说明西安市经济发展"高投入、高消耗、高污染、低效益"的粗放型经济增长特征明显。

2008年十一届全国人大正式批准成立中华人民共和国环境保护部，这一国务院部委改革释放了国家对环境保护态度重大转变的新信号，环境保护部门在全国及地方重大决策中开始拥有了话语权。西安市环境保护、生态整治的工作也逐渐被提到了重要的议事日程。2008年《陕西省秦岭生态环境保护条例》颁布实施，西安市通过实施退耕还林、天然林保护、小流域治理等系列工程，有效保护和科学利用了秦岭北麓生态资源。此后，又陆续出台《西安市"十二五"节能减排综合性工作方案》《2012年度西安市主要污染物总量减排实施方案》《"十二五"主要污染物总量减排核算考核办法》《西安市机动车污染减排管理办法》等方案措施，不断强化政策引导作用，为西安市生态环境的大幅改善提供了行动纲领，为治污减排奠定了坚实基础。总体而言，在此期间西安市生态环境建设取得了巨大的进展。

2012年，中共十八大进一步提出将生态文明建设纳入"五位一体"总体布局，强调"绿水青山就是金山银山"，生态文明建设的理念逐渐深入人心，西安市生态环境建设稳中求进。2016年工业废水、SO_2以及烟尘排放量占排放总量的比例由2007年的45.1%、94.4%、74.4%分别下降至5.7%、10.3%、9.2%，单位GDP能耗由2007年0.93下降至历史最低值0.39。在肯定西安市生态环境保护工作取得巨大成绩的同时，也应该清晰地认识到受地理地貌条件与城市及周边产业结构的影响，西安生态治理任重而道远。近年来，西安市持续实施减煤、控车、抑尘、治源、禁烧等多项措施，冬季仍然饱受雾霾困扰，大气污染问题是西安市环境治理面临的第一大难题。2016

年西安市空气质量达标天数 220 天，优良率仅为 60.4%。环境空气 6 个监测项目中的 4 个即 NO_2、可吸入颗粒物 PM10、细颗粒物 PM2.5 年均浓度值、O_3 日最大 8 小时平均第 90 百分位浓度值均高于国家环境空气质量二级标准。未来十年，生态环境保护将是影响西安市经济转型、产业调整的关键因素。

7.3.2　耦合度的变化

根据系统耦合协调发展的规律，耦合程度需要不断克服"瓶颈"以实现由低层次向较高层次发展的过程，耦合发展的曲线类似一条组合 Logistic 曲线[183]。根据对西安市旅游与经济、环境三者间发展耦合度的计算结果（见表 7 – 3），耦合度在 0.965 以上的高位区间内小幅波动，显示了新一轮 "S" 形曲线波动上升的趋势（见图 7 – 2）。2011 年为 10 年间三者耦合发展的波谷，2014 年达到 10 年间三者耦合的波峰，波峰与波谷仅差 0.0304。按照黄金川的四阶段法对系统耦合度 C 值划分的区间，$0.8 < C \leq 1$ 时代表旅游产业与城市经济、生态环境发展水平在量的方面已经取得了较大发展，质也得到明显提升，旅游产业与经济、环境建设相得益彰，彼此起到了支持、促进的作用。在经历了低水平耦合、拮抗耦合与磨合阶段，自 2007 年以来西安旅游产业与经济、环境系统之间稳定在比较理想的高水平耦合阶段。当然，耦合度可能会随着政策及突发因素的影响退化至以前的阶段[183]。因此，保持高水平的系统耦合是提高系统间协调发展的前提。

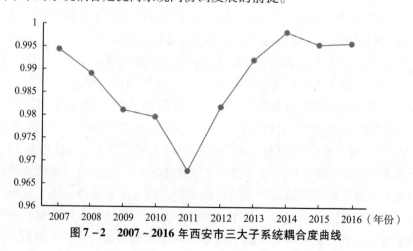

图 7 – 2　2007 ~ 2016 年西安市三大子系统耦合度曲线

7.3.3 耦合协调度变化

鉴于耦合度分析只能反映西安市旅游产业与经济、环境系统间相互作用的强弱，却无法反映三者间的协调水平，根据前文计算的耦合协调度 D 可对西安市旅游产业与经济、环境发展的协调性给予明确的判定（见表 7 - 3）。

由表 7 - 3 可知，2007～2016 年 10 年间西安市旅游产业与经济、环境系统耦合协调度由 0.5685 上升至 0.8368，增长幅度达 47.2%。耦合协调状态由勉强耦合协调逐步提升至良好耦合协调，呈进阶式逐步优化，上升态势稳定。具体来看，2007～2009 年三者呈勉强耦合协调；2009～2012 年演变为初级耦合协调；2013～2014 年实现中级耦合协调；2015～2016 年进阶良好耦合协调的较理想状态。耦合协调度的理想演化反映了在生态文明建设背景下西安市借"一带一路"建设的东风，发挥区位优势和资源禀赋，聚焦产业结构调整、着力构建现代经济体系、加快国际大都市建设步伐取得了较为丰硕的成果。

对比西安市旅游产业与经济、环境三大子系统综合评价指数 T 与耦合协调度 D 两条动态曲线时发现（见图 7 - 3），两条曲线均上行稳定，耦合协调度曲线可拟合为线性函数 $y = 0.0314x + 0.5216$，$R^2 = 0.9777$，自始至终 D > T，但自 2014 年以来曲线间差距有缩小化趋势。一方面，比较而言三大子系

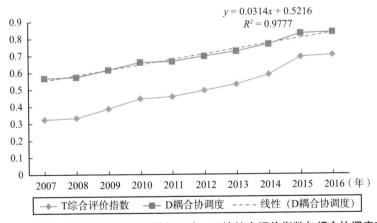

图 7 - 3　2007～2016 年西安市旅游与经济、环境综合评价指数与耦合协调度对比

统综合效益持续滞后，存在良好耦合协调表象下系统水平欠佳的问题；另一方面也反映了自 2014 年以来综合效益上升的速度明显加快的特点。因此，在未来相当长时间内如何提升城市经济、生态环境与旅游产业的综合效益，是实现系统高水平前提下的优质耦合发展的关键。

生态文明是一种高度强调协调发展的科学发展观，按照生态文明建设的内涵要求，旅游产业只有在保证自身高水平的条件下，追求在更大范围与经济、环境的协调发展才是实现城市旅游可持续发展的唯一途径。因此，本章对西安城市旅游与经济、环境的协调性分析正是以生态文明建设的要求，对西安城市旅游可持续发展水平进行科学地判断，以期找到影响三者协调发展的关键因子，以促进实现整体可持续发展的目标。根据对西安市城市经济 $g(x_j)$、生态环境 $g(y_j)$、旅游产业 $g(z_j)$ 综合评价指数在不同年份数值大小的排序，本章分析并得到了影响西安市 2007～2016 年城市旅游发展协调性的制约因素（见表 7-4）。

表 7-4   2007～2016 年西安市城市旅游发展协调性制约因素

年份	耦合协调度 D	相对发展	耦合协调类型	主要制约因素
2007	0.5300	$g(z_j) > g(x_j) > g(y_j)$	勉强耦合协调	生态环境滞后型
2008	0.5437	$g(y_j) > g(x_j) > g(z_j)$	勉强耦合协调	旅游产业滞后型
2009	0.5962	$g(y_j) > g(x_j) > g(z_j)$	勉强耦合协调	旅游产业滞后型
2010	0.6363	$g(y_j) > g(x_j) > g(z_j)$	初级耦合协调	旅游产业滞后型
2011	0.6389	$g(y_j) > g(x_j) > g(z_j)$	初级耦合协调	旅游产业滞后型
2012	0.6817	$g(y_j) > g(x_j) > g(z_j)$	初级耦合协调	旅游产业滞后型
2013	0.7310	$g(y_j) > g(x_j) > g(z_j)$	中级耦合协调	旅游产业滞后型
2014	0.7847	$g(z_j) > g(y_j) > g(x_j)$	中级耦合协调	城市经济滞后型
2015	0.8788	$g(z_j) > g(x_j) > g(y_j)$	良好耦合协调	生态环境滞后型
2016	0.8481	$g(z_j) > g(x_j) > g(y_j)$	良好耦合协调	生态环境、城市经济同步滞后型

由表 7-4 可见，2007～2016 年 10 年中影响西安市旅游与经济、环境协调发展的主要制约因素发生了较大的变化。2007 年，生态环境滞后于城市经

济与旅游产业，成为影响城市系统间耦合协调发展的主要制约因素；然而进入 2008～2013 年，生态环境系统摆脱了不利的地位并逆袭成为三者中发展最强势的子系统，旅游产业发展反而大大滞后于生态环境与城市经济系统；2014～2016 年，旅游产业系统厚积薄发、异军突起，以碾压式的优势在三大子系统中遥遥领先，而此时城市经济与生态环境交替成为影响西安市旅游产业协调发展的最大障碍。

依据本章对西安市旅游与经济、环境的协调性分析，2008～2013 年间生态环境建设取得较大的进展，从对旅游产业与经济发展的制约转变为促进，推动了三者耦合协调度由勉强耦合协调向中级耦合协调的良性转变。但随着旅游产业的强势增长，旅游产业的发展逾越生态环境的阈值，生态环境再次成为协调发展的制约因素。当然，在对西安城市旅游发展协调性分析中还发现，尽管在城市经济—生态环境—旅游产业系统中出现了旅游产业、城市经济超越生态环境阈值的情况，但三者的耦合协调性仍然出现由中级耦合向良性耦合演变的现象，这在一定程度上反映了旅游发展与经济、环境耦合协调具有一定自组织性，有着朝向良性耦合发展的特征。

7.4 本 章 小 结

本章通过熵值法与复合相关系数法相结合的方法，确定了西安市城市经济—生态环境—旅游产业系统的指标权重，并利用 TOPSIS 模型计算各指标与最优值的贴近度作为三个子系统综合评价指数，进而使用耦合度与耦合协调度模型对西安市旅游产业与经济、环境发展的耦合协调性进行了全面分析。

主要结论如下：

（1）从西安市三大子系统 2007～2016 年综合评价指数动态曲线来看，旅游产业系统在 2013～2015 年上升最迅猛、表现最强劲；生态环境系统与城市经济系统上升曲线则较为平稳，均可以 2012 年为分界线划分为一快一慢的两个阶段，生态环境系统表现为"前快后慢"，而城市经济系统则表现出"前慢后快"的特点。

（2）系统耦合度在 0.965 以上的高位区间内小幅波动，显示了新一轮"S"形曲线波动上升的趋势。2011 年为 10 年间三者耦合度的波谷，2014 年达到 10 年间三者耦合度的波峰，波峰与波谷仅差 0.0304。显示了在 2007 年以前西安市三大子系统已经经历了低水平耦合、拮抗耦合与磨合阶段，目前基本稳定在比较理想的高水平耦合阶段。

（3）系统耦合协调状态由 2007 年勉强耦合协调提升至目前的良好耦合协调，呈进阶式逐步优化。但通过对比系统综合评价指数 T 与耦合协调度 D，在良好耦合协调表象下存在三大子系统发展水平欠佳的问题。

（4）通过对系统耦合协调发展制约因素的分析，生态环境与城市经济交替成为近 3 年来影响旅游产业协调发展的最大问题。虽然出现了旅游产业发展超越了生态环境阈值的情况，但整体耦合协调性仍然呈现由中级耦合演变为良好耦合，在一定程度上反映了旅游产业与经济、环境耦合协调具有一定自组织性，有着朝向良性耦合发展的特征。

第 8 章

西安市城市旅游发展综合分析
与提升策略

基于前文从城市旅游系统内部状态分析、生态效率分析、旅游与经济、环境协调发展分析等不同角度与层次对西安市城市旅游可持续发展进行实证研究的基础上，本章对西安市城市旅游发展进行综合分析，以明确影响产业发展的关键因子及其影响机理，进而根据西安城市旅游发展的短板提出对应的策略建议，为提升西安市城市旅游可持续发展能力提供理论支撑与实践参考。

8.1 西安市城市旅游发展综合分析

本着抓住事物主要矛盾以简化研究问题的原则，利用第 3 章构建的城市旅游研究模型与分析及评价机制对西安市城市旅游发展进行了系统化的实证研究。一方面，全面掌握了西安市区位背景、自然环境基础、社会文化条件、旅游资源特征、经济条件与旅游产业特征等发展城市旅游的基本条件；另一方面，结合量化研究的工具，利用理论分析与逻辑推演的方法对西安市城市旅游可持续发展的状态进行了全面把握，为进一步提升西安市城市旅游可持续发展水平奠定了坚实的基础。

8.1.1 发展状态分析

1. 影响产业发展水平的关键因子

根据对西安市城市旅游系统状态的研究，城市旅游主体与城市旅游载体两个一级指标达到了较健康的水平；城市旅游客体处于亚健康水平；而城市旅游媒介表现不佳，处于不健康水平区间，成为限制西安市城市旅游发展状态最大的障碍。从西安市城市旅游媒介下设的具体指标隶属度情况来看，15个三级指标中有7项处于不健康等级，接近指标总数的一半，它们分别是M11 入境旅游人数、M12 旅游外汇收入、M14 旅游总收入、M31 旅游从业人数、M32 旅游院校学生人数、M51 公路旅客周转量、M52 铁路旅客周转量。此外，对产品功能评价中的O22 消遣娱乐功能与自然生态环境下的C11 空气质量优良达标率、C15 环境污染治理投资占 GDP 比例等三项也表现不佳，处于不健康的等级状态。

2. 影响机理分析

西安拥有的旅游资源论数量与品位，在15个副省级城市中当属佼佼者，然而对比2016 年西安与广州、成都、杭州在入境旅游接待人次、旅游外汇收入、旅游总收入、旅游从业人数、旅游院校学生人数等5个城市旅游媒介下的重要指标值，便能够发现其中存在的问题（见图8 – 1）。以上5项指标中除旅游从业人数（3.1 万人）高于成都（1.8 万人）排名第3之外，其余4项在4个城市中均排名垫底。

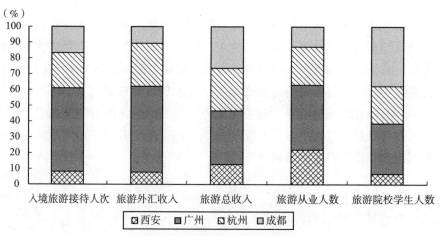

图 8 – 1　2016 年西安与其他城市的关键指标对比

资料来源：2016 年《中国旅游统计年鉴》和西安、广州、杭州、成都统计年鉴。

西安市入境旅游接待量、国内游客接待量、旅游外汇收入、旅游总收入等 4 项关键指标仅为广州市的 15.5%、81.7%、14.4%、37.7%，充分暴露出西安在旅游市场规模、效益方面存在的巨大差距。导致此种规模、效益差异的原因可主要归纳为：①由于西安市旅游产品仍然停留在以单一的观光型产品为主，使得产品消遣娱乐功能明显不足，难以满足当前形势下游客对休闲、度假、养生、生态、探险等多种体验性旅游产品的强烈需求，造成游客停留时间短，消费水平低、重游率降低的问题。从短期来看，这将影响到西安市城市旅游的规模与效益；从长远来看，可能会造成贬低资源价值，影响城市旅游形象的问题。②受西安市城市经济活跃度与外向度不足的限制，影响了城市旅游经济活力的充分体现。由于旅游行业本身的独特性，计算城市旅游人数及城市旅游总收入时，一般会将统计期内的商务出行、外出返乡等多重消费一并计算。所以人口基量庞大，经济体量巨大的一线城市往往更具优势。不可否认，一个地区商贸往来越频繁，城市经济的外向度与活跃度越高，越容易激发城市旅游经济的潜能；同时，旅游经济的发展反过来也会成为城市对外宣传的窗口，推广城市形象，拉动商贸与投资，从而起到促进城市经济发展的积极作用。两者之间彼此作用，相互促进。广州便是最典型的范例。作为中国最发达的一线大城市之一，截至 2017 年 12 月，广州市商贸业连续 28 年全国排名第三，商贸业的繁荣直接创造了更多商务、会议、国内外交流以及地区间贸易往来的机会，由此直接推动商务旅游需求强势增长，刺激了广州市旅游经济的持续蓬勃发展。因此，西安市旅游产业规模的扩大除了自身要做强，提高城市经济活跃度与外向度也是助力旅游产业规模壮大、经济效益提升的重要途径。

空气质量一直是西安环境治理的重点，尤其是入冬以后西安常常成为雾霾的重灾区，饱受"十面霾伏"之苦，对城市旅游经济带来巨大的影响。虽然，近年来西安市持续加大治理的力度，法律、行政、技术、经济、宣传教育等手段多管齐下，但效果仍然不够理想。在正视西安市产业结构存在问题的同时，也应该客观看待雾霾产生背后所蕴含的复杂原因。冬季常年主导的东北风将外来污染输入关中盆地，受地形阻隔不利于污染物扩散，加剧了雾霾的肆虐，更有甚者遭遇东北向雾霾和西北向沙尘交叉性污染输入，致使西安城"腹背受敌"。雾霾形成原因复杂，除了要继续加大空气治理力度之外，也要承认就目前的经济发展方式与技术水平，根本性治理雾霾绝非一朝一夕所能实现。

8.1.2　生态效率分析

1. 影响生态效率的关键因子

旅游生态效率是测量旅游业对环境影响的重要工具，它以降低旅游环境负面影响与提高旅游经济收益为双目标，追求旅游环境与经济绩效的"事半功倍"。根据对西安市城市旅游生态效率的测算结果，西安市总体旅游生态效率为 $0.195kgCO_{2-e}$／¥，意味着每 1 元旅游经济收益将产生 $0.195kg$ 二氧化碳排放，处于亚健康等级。进一步从旅游产业各部门生态效率的测算结果来看，旅游餐饮、旅游住宿、旅游交通、旅游活动的生态效率比值分别为 $0.037kgCO_{2-e}$／¥、$0.256kgCO_{2-e}$／¥、$0.507kgCO_{2-e}$／¥、$0.018kgCO_{2-e}$／¥，意味着每 1 元旅游餐饮收入、住宿收入、交通收入、旅游活动收入中将分别产生 $0.037kg$、$0.256kg$、$0.507kg$、$0.018kg$ 的二氧化碳排放。参照分析标准，其中旅游活动与旅游餐饮生态效率比较理想，处于健康水平，而旅游交通与旅游住宿生态效率两项均处于亚健康水平，意味着交通与住宿两个环节成为影响西安市城市旅游生态效率的关键因子。

2. 影响机理分析

由于旅游生态效率是旅游经济生态成本的反映，主要侧重对旅游产业环境影响的评估。对旅游交通与旅游住宿生态效率不佳的原因可追溯为旅游产业环境影响过大与经济效益不高两个方面。从环境影响来看，2016 年西安市旅游交通与住宿部门产生的碳足迹分别占总量的 83.97%、11.41%，两项合计达到了总量的 95.38%。由此可见，交通与住宿是旅游业碳排放的重点，也是旅游业开展节能减排的关键。

对交通碳足迹的组成结构来看，外部交通碳足迹占到足迹总量的 97.78%，而在外部交通工具中，飞机运输造成的碳排放占外部交通碳排放总量的 68.76%。因此，航空运输方式是旅游碳排放最主要的来源。此外，需格外关注的是，汽车方式导致的外部交通与内部交通碳排放量分别达到了 20.01%、56.2%（内部交通包括自驾车与出租车），是交通碳排放中值得关注的一个主要排放源。

2016 年西安市因旅游住宿而造成的碳足迹达到了 $2692.86 \times 10^6 \text{kg}$，调查中 83.12% 的游客选择能耗较高的星级酒店，导致星级酒店产生碳排放占总量的 82.83%，这一结果在一定程度上反映了西安市旅游住宿接待以星级酒店为主体，其他能耗较小的接待部门如社会宾馆、露营地、B&B 等欠发达的现状。另外，由于近年来旅游者在西安停留时间不断下滑，一方面影响了旅游住宿部门的收益，另一方面则因入住率不高而导致能耗无形增加。由此，延长游客停留时间与增加住宿人数是提高能源利用效率、减少旅游住宿能耗的方法，同时降低旅游住宿部门对传统能源的依赖，提高清洁能源使用率、改进能源利用技术迫在眉睫。

8.1.3 旅游发展与环境、经济协调性分析

1. 影响耦合协调的关键因子

从对西安市城市旅游与经济、环境协调性分析的结果来看，在 2007～2016 年间，西安市旅游产业—城市经济—生态环境耦合协调度由勉强耦合协调、初级耦合协调、中级耦合协调到良好耦合协调呈进阶式逐步优化，上升态势稳定。从主要制约因素来看，三大系统经历了 2007 年生态环境滞后，2008～2013 年旅游产业滞后，到 2014～2016 年城市经济与生态环境交替滞后的变化。2014 年以来，三大系统中旅游产业系统呈厚积薄发之势，异军突起，以碾压式的优势在三大系统中遥遥领先，而此时城市经济与生态环境明显滞后于旅游产业的发展速度，几乎同步成为影响西安市旅游—经济—生态协同发展的薄弱环节。

2. 影响机理分析

从对西安市旅游发展与经济、环境总体协调性分析来看，总体耦合协调度呈良性优化态势，结果比较理想。为了追求系统水平在更高层次的优质耦合，城市经济与生态环境系统仍然是未来需要努力改进的关键。通过进一步分析 2007～2016 年 10 年来西安市旅游、经济、生态系统 29 项分析指标的归一化数值，影响 2016 年生态环境综合水平的指标因子主要有三个，分别是

C9 废水排放总量、C12 空气质量达标率、C17 工业固体废物综合利用率，其中 2016 年 C9 废水排放总量（70876 万吨）与 C17 工业固体废物综合利用率（85.31%）两项为 2007～2016 年以来最差水平外，C12 空气质量优良达标率（60.4%）也仅强于 2013 年（30.5%）和 2014 年（38.6%），处于 10 年以来较低水平。C17 工业固体废物综合利用率自 2008 年开始一直保持稳定在 90% 以上，2016 年暂被视为 10 年数据中的异常值，那么 C9 废水排放总量问题却应该引起足够的重视。除废水排放数量持续增加，废水结构也正在发生巨大的变化。2007 年前以工业废水排放为主，到 2016 年生活排放比例攀升至 94.3%，排放总量持续增加，源头分散，治理难度无形增大。城市经济系统则与生态环境系统不同，各项指标在 10 年间呈现平稳发展的态势，并未能发现明显的薄弱项，但总体来看，经济发展增速平平、市场活力尚未得到激发。如 2016 年，西安地区生产总值（GDP）仅 6480 亿元，排名全国第 26 位，与同处西部的成都（11721 亿元，全国第 9 位）相比，经济实力差距悬殊。

8.2　西安市城市旅游提升策略

8.2.1　树立生态开发理念，推进旅游生态化建设

人类社会的发展史、文明史，归根结底，是一部人与自然、生态与文明的关系史。从原始文明人类完全被动接受自然控制，到农业文明人类主动进行自然探索，再到工业文明人类不断征服自然。如同恩格斯在《自然辩证法》中所说，"我们不要过分陶醉于我们人类对自然界的胜利。对于每一次这样的胜利，自然界都对我们进行报复。"工业文明不断推动人类社会的进步，在人类无休止为了自己永远无法满足的物质追求而不断向大自然索取并对之摧残时，气候变暖、环境污染、资源耗竭、能源紧张等一系列日益突出的问题仅仅是大自然对人类惩罚的开始。"生态兴则文明兴，生态衰则文明衰"，生态文明正是在人类深刻反思工业文明异化自然的现象与严重后果的基础上提出的，是实现人与自然和谐共生、协调发展的社会发展观。

工业文明时代，旅游发展往往以牺牲环境为代价，强调依靠增加旅游生产要素的投入，追求旅游规模的扩张以实现提高旅游经济效益的目的。而作为典型的"环境友好型"产业，这种杀鸡取卵的短视行为必将造成旅游产业走向自我毁灭的边缘。城市，作为旅游接待最重要的空间支撑，在享受发展旅游红利的同时，正在遭受粗放式旅游开发带来的困扰。

当前，生态文明被提高到关系人民福祉，关系民族未来的前所未有的高度，要求被融入"五位一体"建设当中。西安作为千年古都，数不胜数的文物古迹是西安旅游引以为傲的资本，然而这些资源都是属于不可再生资源，一旦开发或维护不当，将造成无法挽回的损失，因此，西安市旅游部门更需要努力探索人文资源永续利用的模式，充分考虑资源的承载力、生态环境的容量，从旅游规划、开发、经营、管理全过程贯穿"生态化"理念，以实现旅游产业与社会、自然、经济的协调发展的目标。

长期以来，水、空气等环境资源被认为是人类可以无限利用的"无偿资源"，大自然被当作免费的废弃物净化场，随着人口的迅速增加、生产规模的急剧扩张、经济密度的不断提高，生态环境早已超出其自身调节的阈值，造成"公地悲剧""搭便车"等现象。这种公共产品理论明显扭曲了旅游开发成本的构成，一方面低估了旅游成本水平，另一方面又无形间虚增了旅游创造的价值，产生了明显的外部不经济性。为此，只有将生态环境要素内生于经济增长当中，强制将生态成本在经济收益中予以抵扣，即采用生态补偿的手段方能处理好经济发展与环境保护之间的矛盾。德国、美国、以色列等国在生态补偿方面均进行了有益的探索，成为全球开展生态补偿制度的成功范例。浙江省是国内最早建立生态补偿管理的省份，通过政府设立生态建设补偿资金、生态保护补助资金、生态环境治理补助资金等财政支持手段；开征水资源费及排污收费制度；探索市场运作等方法现已初显成效，为西安生态补偿制度的推进提供了大量可借鉴的经验。

2017 年，陕西省政府下发了贯彻落实《国务院办公厅关于健全生态保护补偿机制的意见》，目标是在 2020 年建立起森林、水流、耕地、湿地、荒漠、矿区等重点区域的生态补偿机制。借此，西安市也正式启动了生态补偿具体工作的开展。《陕西省秦岭生态环境保护条例》《西安市秦岭生态环境保护条例》相继出台，通过加快制定相应的地方性法规、规章和规范性文件，加强法律法规间的衔接对推动秦岭生态补偿工作的落实起到了极大的推动作用，秦岭保护的法制化进程现已全面开启。

旅游生态补偿是旅游业对其所依赖的生态系统实施反哺的一种补偿，是协调旅游业相关利益群体与生态环境关系的手段与制度安排，其最终目的是缓解旅游发展与环境保护之间的利益冲突，促进旅游可持续发展。国内学术界现已对旅游生态补偿主客体确定、补偿的标准、补偿机制展开了大量研究，然而在实践中受限于难以货币化的生态价值、纠缠不清的补偿对象、根深蒂固的环境无价意识等因素，导致旅游生态补偿具体工作推进迟缓。当前，西安市政府不仅需要借鉴国内外相关经验，还需要不断总结自身经验，从旅游产业特征出发，探讨旅游生态补偿的特殊性，尽早建立并推行较完备的旅游生态补偿制度，以便从制度层面去解决旅游开发与环境保护之间的利益冲突，以更好地推动西安市城市旅游的可持续发展。

8.2.2 面向市场需求，丰富旅游产品类型

根据对西安市旅游者的问卷调查结果显示，旅游者对西安旅游景观观赏美观度与奇特度满意度得分 82.3 分、探索新知功能满意度得分 82.2 分，环保教育与消遣娱乐功能满意度分别为 73.2 分、70.1 分。由此可见，西安市旅游资源的品质与历史蕴含得到了广大旅游者的认可，但产品体验性、娱乐性、环保教育性功能比较欠缺成为限制西安旅游发展的软肋。长期以来，西安市旅游发展一直凭借十三朝古都的悠久历史，周秦汉唐文化与丰富文物遗存作为旅游的拳头产品，并在海内外赢得了较好的口碑。然而，在如今大众旅游时代，旅游渐已成为国民的刚性需求，并成为满足人们对美好生活向往的重要方式，走马观花式的观光旅游产品早已无法满足人们对"求新""求逸""求知"的旅游新需求，这也成为西安市入境旅游徘徊不前、旅游消费无法拉动、游客停留时间不断下滑的重要原因。曾经的优势逐渐在需求的演变过程中已荡然无存，必须适时调整西安市旅游产品的供给结构，在结合地方文化与资源特点的基础上，通过创新驱动来提升西安市旅游的吸引力与竞争力。

目前，国内市场对休闲、度假、养生、生态、探险等个性产品的需求不断增加，尤其是在消费升级大势驱动下，中国优质家庭旅游已经进入"强需求"时代，借助西安深厚的文化底蕴，努力打造集中国传统文化与当代生活

文化艺术相结合的深度体验项目；利用文化与文物的结合，开展更多元的文旅活动；充分利用大美秦岭的生态优势，在充分考虑环境承载力的前提下，开辟丰富的自然生态旅游线路与产品组合。针对游客对西安旅游解说系统满意度不高的现状，要改变目前游客中心解说功能薄弱、主要依赖人员解说的局面，利用西安科技优势开展 AR、VR 技术在自导式讲解中的应用，既可以丰富讲解内容、又可以增强游客的体验度。

具体旅游产品设计示例如下：

1. 生态类旅游产品

秦岭山脉横亘于西安市南部，被誉为"西安后花园"，它不仅是西安古城的天然生态屏障，也是体现西安生物多样性的基因宝库。西安境内的秦岭北坡植被覆盖度 69.24%，尤其是周至太白山区，山高谷深，气候和植被垂直变化明显，为大熊猫、羚牛、金丝猴、金钱豹等大量野生动物提供了良好的栖息条件。同时，作为中国南北方的分界线，秦岭山脉绵延起伏，气势磅礴，蔚为壮观。因山地被森林覆盖，色调四季变换：春季山花烂漫，夏季层峦耸翠，秋季漫山红叶，冬季银装素裹。良好的生态环境为登山健行、观赏动物、探险猎奇、科学考察的开展提供了丰富的生态服务功能，具备极高的审美价值。借鉴越南风牙者榜国家公园在公园核心区成功推出并运营徒步旅游项目的经验，秦岭生态旅游的开发必须在保证秦岭山区环境脆弱地带生态承载力基础之上，以《陕西省大秦岭旅游发展规划》为指导有序进行，在秦岭山地适度开发区内，主要开展登山健行、森林游憩类自然生态旅游活动；在限制开发区内，生态旅游产品可延伸至探险猎奇、观赏动物、科学考察等活动类型。要充分对线路进行前期论证、规划以及在项目实施中加强对项目的组织、监管与控制，同时对旅游团的规模进行有效控制。徒步穿越限制开发区林区的活动应该由旅游行政部门、旅游景区、旅行社、林业部门共同组织，活动的服务与监督责任具体由旅游团中的导游、当地向导和护林员共同完成。可考虑对参与的游客建立信誉管理体系，通过前期资格审查、活动中的有效组织与监督，在保证林区环境不受破坏的前提下，使游客体验度得到最大的保证。这种生态旅游活动最终的目标是实现秦岭林地资源经济利益、生态保护利益与社区利益的综合平衡。

2. 观光类旅游产品

对西安观光类旅游产品的设计可考虑在曲江文化产业示范区大雁塔北广场—大慈恩寺—大雁塔南广场—新唐人街—大唐芙蓉园—曲江海洋世界—唐城墙遗址公园—曲江池遗址公园沿线建成一条公共休闲步道，串联曲江旅游示范区内的自然与人文类景点。这条曲江休闲步道既能为游客提供了观光体验的新享受，同时可促进可持续交通发展，利用环境教育能够提升游客的旅游体验，同时减少城市地区的交通拥堵。甚至可以考虑开展"西安游客护照"的项目，在曲江休闲步道沿线枢纽设置游客集散中心，鼓励游客通过在"西安游客护照"印章的方式倡导游客绿色出行，在达到印章次数要求后，可考虑允许游客利用各种公共交通工具无限制地在西安旅行1~7天，并为游客提供西安餐馆、博物馆和景区的折扣券，以创新西安旅游独具特色的观光类旅游新产品，并促进城市新"IP"的打造。

3. 休闲度假旅游产品

陕西是温泉之乡，全国发现最早的第一口温泉，秦始皇为治疗疮伤而建的"骊山汤"就位于西安临潼区境内，"春寒赐浴华清池，温泉水滑洗凝脂"更是大诗人白居易描写杨贵妃华清池温泉沐浴的千古名句。由于渭河盆地地处华北地台西南部鄂尔多斯地块南缘，受渭河盆地北缘断裂带与秦岭北麓断裂带夹击，呈东西向狭长断陷盆地，断裂的发育相互交错构成导水导热的网络，赋予渭河盆地一带丰富的地热资源[185]。西安市临潼区、长安区、蓝田县都分布有大量优质的温泉，这里温泉水质纯净温和，大多属中性硫酸氯化物钠型水，富含几十种矿物质和微量元素，具有极高的医疗保健价值。未来可以充分利用西安的温泉资源优势，尝试通过"温泉＋度假""温泉＋养生""温泉＋演艺""温泉＋景区""温泉＋会议""温泉＋生态农庄"等不同模式打造更多成熟的西安温泉品牌，通过盘活温泉资源来促进西安度假市场发展，推动旅游产业结构的调整，更好地满足西安游客的休闲度假需求。

总之，适应市场需求，丰富当前旅游产品类型，通过增强旅游产品吸引力来延长游客停留时间，改变当前对门票经济的依赖，才能真正促进西安旅游产业提质增效。

8.2.3 优化交通结构，提高旅游交通生态效率

西安市地处中国西北内陆，与主要的入境客源国及部分国内客源地距离较远，航空运输方式使用比例过高，造成旅游交通产生的碳排放已经成为影响提升旅游生态效率最关键的环节，是西安市旅游产业节能减排的重点。为此，优化西安市交通结构，倡导绿色交通先行，是提高西安市旅游交通生态效率最有效的途径。

旅游交通方式直接决定了交通能源消耗的强度，从本次研究结果来看，西安旅游者外部交通选择飞机方式的游客平均造成的交通碳排放量是火车方式的 11 倍；内部交通中，选择自驾或出租车方式造成的碳排放是城市公交系统的 2 倍。从低碳节能的角度来看，外部交通中乘坐飞机出行的游客比例越高，交通碳排放总量与均值就越大；内部交通中选择公共交通出行的游客比例越高，交通碳排放总量与均值也就越低。因此，西安市应积极发展铁路交通，用快速、便捷的高铁逐渐取代飞机运输方式在中远程的运输比例；大力拓展山西、河南、湖北、宁夏、四川等中近程客源地市场规模，以降低旅游者平均出行距离；大力发展西安市公共交通事业，提高城市公交、轨道运输的覆盖率与运力。尤其是，基于西安市旅游景点较为分散的特点，应大力推进西安旅游景点接驳系统，以确保与公共交通无缝连接，既便于游客出行，又能达到优化城区交通生态效率的目的，同时对西安建设国际化大都市形象的推广也将起到重要的促进作用。

随着 2017 年西成高铁的开通，陕西铁路网现已成功并入我国规划中的"八纵八横"高铁网络，与大西高铁共同形成华北至西南地区的新通道。目前，以西安为中心的陕西"米"字形高铁时代已经到来，以西安为中心，10 分钟到咸阳，30 分钟到华山，1 小时到宝鸡、汉中，2 小时到延安的"省内经济圈"和 2 小时到郑州，3 小时到太原，4 小时到武汉，5 小时到北京，6 小时至 8 小时到长三角、珠三角、京津冀城市群的"跨省经济圈"已经形成。快速、舒适、环保的高铁出行方式将逐渐取代国内近程、削减中远程航空方式在旅行中的使用比例，对于压缩国内旅游交通碳足迹将大有裨益。

8.2.4　刺激城市旅游消费结构升级，延长游客停留时间

当前西安市城市旅游发展面临的最大瓶颈是游客停留时间在不断下滑，如 2012 年西安市国内过夜游客平均停留时间 4 天，而到了 2016 年却下滑到 2.72 天。从旅游消费比例来看，2016 年国内过夜游客交通、住宿消费支出两项分别占总消费的 37%、16.1%，而旅游购物比例仅占 11.2%，显示出西安市旅游消费尚处于较低层次水平，与旅游发达国家和地区旅游者购物花费比例 50% 以上，甚至超过 60% 的标准存在巨大的差距。西安市旅游经济要想实现提质增效，必须花大力气改变"留不住人，无法拉动旅游消费"的短板。

延长游客停留时间需要在提升旅游产品吸引力上做大文章，除了要完善旅游产品谱，更需要把握当前旅游的新时尚。如"美食""美宿"现已成为驱动旅游消费新的增长点，比如城隍庙之于上海、夫子庙之于南京、河坊街之于杭州，这些小吃街无不成为所在城市旅游的最强有力的吸引源。相比西安，目前最有名当属钟鼓楼广场内的回民街，回坊小吃既具有西北独有的特色，又将民族文化融入其中，是许多吃货必到之处。此外，新晋网红小吃街——永兴坊在唐朝魏征府邸旧址而建，以关中牌坊和具有民间传统的建筑群组合，形成古里坊式布局，展示古长安城的街坊式形态和历史生活气息。这里汇集陕西关中、陕南、陕北三大美食版图，更是将陕西非物质文化遗产美食的城市人文精神作为发掘和保护的核心，成为西安"美食 + 文化"市场化运作的典范。西安旅游正是需要更多的类似创新的手段来充分挖掘本地资源优势，以个性化、特色化的精湛产品满足不断变化的市场需求。

追求体验"美宿"已开始成为旅游的新驱动力，人们对住宿的需求不再从属于旅游观光活动，而成为出游的主要动机。自 2014 年我国人均 GDP 突破 7000 美元大关以来，我国旅游市场已不可逆转地进入到休闲度假游加速发展的新时期，走马观花式的观光旅游时代将逐渐被一站式度假休闲、深入体验生活的休闲度假游所取代。因此，西安市需着力打造一批高档次、特色化的度假村（酒店），目前在市场上极具影响力的如倡导人与自然和谐共处生活方式的法国大型奢华度假村——地中海俱乐部 Club Med、华强方特旅游度假区等在西北地区尚无建设先例，可以成为下一步西安市旅游度假区建设考虑的方向。此外，备受年轻人喜爱的以温暖、交流与精致为特点的特色民宿

在全国范围内发展势头强劲，而目前西安尚处于起步阶段，高端民宿的建设将成为星级酒店、度假村等住宿类别的有益补充，让游客选择更多、感受更好。

另外，借助曲江新区作为西安市国际化大都市建设的重要承载区的战略地位，充分利用曲江新区范围内大雁塔北广场、南广场、慈恩寺遗址公园、新唐人街、戏曲大观园、民俗大观园、大唐芙蓉园等主要旅游地为依托，着力提升曲江新区作为集观光、游憩、会展、度假、接待和购物多种功能于一体的城市核心游憩区对城市消费的带动作用。同时，从顶层设计的角度加大旅游购物品的规划、设计，营造舒适的购物环境，加强旅游购物品宣传推广，健全旅游购物品市场管理机制，以增加旅游消费的新热点。

8.2.5 提升城市经济活跃度，壮大旅游市场规模

正如前文所述，城市经济的活跃度及外向度与旅游经济之间有着相互影响，彼此促进的密切关系。在对城市旅游发展状态分析中发现，2016 年西安市城市经济活跃度不足造成旅游经济潜能尚未得到全面激发。因此，提升城市经济活跃度应作为促进西安市城市旅游市场规模的重要途径。2018 年，西安市着力打造的"一带一路"双创之都和硬科技之都的目标已初显成效，地区生产总值突破 8000 亿元，同比增长 8.2%，高于全国 1.6 个百分点，增速居 15 个副省级城市之首，时融 38 年 GDP 重回全国 20 强之列。新增市场主体 55 万户、总数达 148 万户，增速与市场主体活跃度均居副省级城市榜首[186]。由此，带动了西安城市旅游业也取得了跨越式的进步。2018 年，西安市接待海内外游客 2.47 亿人次，增长 36.7%，实现旅游业总收入 2554.8 亿元，增长 56.4%，位居十大国内热门旅游目的地城市第一位[187]。

根据 CEIC 数据库、国家统计局、国家旅游局以及各地市国民经济和社会发展统计公报等发布的权威统计数据，由界面新闻发布的根据地级以上城市的旅游人数、旅游收入、人均旅游消费、旅游业比重、交通便利程度和旅游基础设施六个维度来进行评比的《2018 中国旅游城市排行全国 50 强》榜单结果来看，西安市凭借 2018 年旅游业的不俗成绩首次上榜并跃居排行榜第 12 位，成为 2018 年榜单新宠。从排行榜单项来看，旅游总人数指标表现最为抢眼，单项排名第 8 位。然而就人均旅游消费指标来看，仅达到 50 强排名的第 46 位。相比广州、杭州、成都三个副省级城市旅游业总体表现，2018

年西安市凭借提升城市经济活力、加大城市宣传、创新旅游产品类型等多项举措，实现了 36.7% 的旅游接待规模的增长速度，正在缩小与之差距。但就旅游效益而言，人均消费水平较低仍然是制约西安旅游产业提质增速的重要障碍（见表 8 - 1）。

表 8 - 1　　西安与部分副省级城市在"2018 中国旅游城市排行榜"的表现比较

排名	上年排名	城市	旅游总人数		旅游总收入		人均旅游消费		旅游业/GDP	
			分值	排名	分值	排名	分值	排名	分值	排名
4	5	广州	0.3452	7	0.6337	3	0.8148	7	0.0433	36
6	8	杭州	0.2742	9	0.5205	6	0.8558	4	0.0747	18
7	6	成都	0.3701	5	0.5189	7	0.5541	17	0.0646	22
12	—	西安	0.3087	8	0.2424	15	0.1992	46	0.0647	21

资料来源：界面新闻发布的《2018 中国旅游城市排行榜》。

　　未来应继续加大产业调整力度，以创新为驱动，不断完善西安市以高新技术为引领、先进制造业和现代服务业为重点、旅游与文化产业为支撑的现代产业体系。借助"一带一路"与"大关中城市群"的建设平台，深化与丝绸之路沿线城市以及地区间经济交流合作，搭建人文交流平台，努力打造内陆型改革开放新高地，全面释放西安市经济活力对旅游产业的刺激能力。除此之外，面向市场需求加大旅游产品创新力度、强化旅游消费结构升级、延长游客停留时间并刺激游客旅游消费是提升西安市城市旅游综合效益的重中之重。

第 9 章

结论与展望

9.1 研 究 结 论

　　旅游作为全球发展势头最强劲、规模最庞大的产业，在拉动地区经济、调整产业结构、推动城镇化建设、创造就业机会、缩小城乡差距等方面发挥着积极的作用。城市旅游作为城市经济的主要增长点，肩负着引领和助推城市经济高速发展的使命。然而，随着城市旅游规模日趋壮大，以资本为导向的大众旅游发展模式正在令城市饱受环境污染、资源破坏、景物损耗、文化变异等一系列负面影响，如何保持城市旅游可持续发展成为全球范围内普遍关注的热点问题。

　　对城市旅游可持续发展的认识是一个不断深化的过程，研究从未间断。除了比较经典的旅游环境影响 EIA 评价分析方法、旅游环境承载力 TEBC 分析模型、可接受的变化极限 LAC 预警系统之外，近年来又不断涌现出新的研究思路与方法，如旅游生态足迹、碳足迹、生态效率、旅游协调发展研究等，而这些研究大多存在视角单一，理论体系不完备的问题，导致对实践的指导性不强。无论是产业高水平下的低协调，或是产业高生态下的低效益，抑或是高协调下的产业低水平都只是对可持续发展的片面理解。因此，从理论上迫切需要着眼于城市发展的全局，以全新的视角对城市旅游可持续发展进行全面、系统化研究。

　　生态文明是对农业文明与工业文明的深刻变革，是人类文明跨入全新时代的标志，人类文明发展史的一个里程碑。它强调用马克思主义辩证统一的思想重新审视人与自然之间的关系，要求打破"人类中心主义"，将道德关怀从社会推广至自然环境，并将环境保护放置在与经济建设同等重要的地位，在实现人类发展过程中，追求人与自然、人与社会、人与人的互促共进、和谐发展。生态文明的社会发展观是可持续发展观向更高层次的演化，是我党在长期社会主义实践中取得的宝贵经验，是人类文化发展的重要成果。生态文明为城市旅游研究提供了一个全新的视角。将生态文明思想、理念和方法贯彻到解决城市旅游发展问题的具体实践中，是解决城市旅游面临困境的有效手段与途径。

本书从现代旅游研究视角变化和发展脉络分析入手，对城市旅游发展特殊性、研究热点和现有研究存在问题进行了梳理和总结，针对城市旅游发展研究存在问题，提出用生态文明的全新视角对其进行系统、全面和科学的分析，并以西安市为例进行了实证研究，为城市旅游发展理论研究和实践探索提供了借鉴参考，主要成果和贡献如下：

1. 构建了以城市旅游系统为主体、城市复合巨系统为依托、旅游发展效率为支撑，能够全面反映城市旅游发展影响因素和相互关系的城市旅游研究理论模型

城市作为地区人口最密集、经济最发达、商贸往来最频繁、产业最集中的特殊聚落空间，注定了城市旅游必然是一种与城市经济、社会、文化和环境有着多元互动的特殊旅游类型。利用旅游产业链，城市旅游将众多相关行业部门紧密联系在一起，形成了以满足游客旅游需求为主要功能的复杂系统。该系统不仅自身涉及面广、组成要素多元、影响因素众多，同时，通过向游客提供核心服务的过程，旅游系统与其所处的城市复合系统间存在着千丝万缕的联系。因此，要对城市旅游进行分析和研究，必须进行理论抽象，抓住主要矛盾，构建科学理论研究模型。

按照生态文明建设对产业发展的要求，通过理论抽象和逻辑推演，构建了以旅游产业内部稳定高效、生态效益优化、内外关系协调一致为三大组成部分的系统、完备的理论研究模型。按照系统论思想，从多角度、多层次对城市旅游研究方方面面影响和联系进行了归纳和理论抽象。该模型主要包括城市旅游系统、城市旅游生态效率和城市旅游与城市复合生态系统关系三个

部分。城市旅游系统部分是整个研究模型的主体，由城市旅游主体、客体、媒介、载体和城市居民五个要素构成，五者融为一体、相辅相成。其中，城市居民作为当地自然、社会、经济、文化利益的捍卫者，政府提供制度与公共产品支持的监督者，居于城市旅游系统的中心位置。城市旅游系统状态反映了城市旅游发展整体水平，是实现城市旅游可持续发展的基础；城市旅游生态效率部分本着解决好生态文明视角下城市旅游发展中经济外部性和公平性问题的原则，追求降低环境影响求得最大的价值产出为双向目标，体现了城市旅游发展生态效率优先的原则，是研究城市可持续发展的主要支撑；城市旅游与城市复合系统关系体现了城市旅游与城市复合系统多元化联系和作用方式，是城市旅游发展研究的关键，三个组成部分三位一体，从不同视角，兼具宏观、中观、微观三个层次构建了完整的城市旅游可持续发展研究体系，为城市旅游深入研究奠定了基础。

2. 构建分析指标体系、确定分析方法、确立评价标准，建立了完备的城市旅游发展状况评价分析理论体系

在城市旅游研究理论模型的基础上，本书从城市旅游系统内部状态、旅游生态效率和旅游与城市经济、自然协调性等三个维度，对城市旅游发展的理论和方法进行了系统化研究，主要有以下成果：①在城市旅游系统内部状态分析中，本书构建了由 5 个一级指标、15 个二级指标、40 个三级指标构成的城市旅游系统内部状态 SOMCL 分析指标体系，建立了基于 AHP 层次分析法的综合属性判断分析模型，确定了对应分析标准，为全面分析城市旅游系统内部稳定性提供了技术支撑；②在城市旅游生态效率分析中，依据旅游生命周期，通过对旅游碳足迹边界的重新界定，构建了旅游餐饮、住宿、交通、旅游活动的碳足迹模型、旅游总体碳足迹模型与城市旅游生态效率测算模型，在参考大量国内外相关文献基础上确立了分析标准，为城市旅游生态效率研究提供了理论工具；③在城市旅游与经济、环境的协调性分析中，将旅游产业、城市经济、生态环境放置于同一个层次，构建了由 3 个一级指标、9 个二级指标、29 个三级指标构成的旅游产业—城市经济—生态环境耦合协调分析指标体系和耦合协调度分析模型。在计算方法研究方面，本书摒弃了传统的加权求和计算系统评价指数的方法，采用基于熵权与复合相关系数组合权重的 TOPSIS 模型计算综合评价指数。赋权过程既考虑了各指标间的变异程

度，又考虑了各指标的独立性，达到了最大程度提取并利用信息的目的，而 TOPSIS 法的应用由于加入了理想参照对象，使分析结果更客观、更具说服力。

3. 利用以上理论研究成果，以西安市为例，对其旅游发展状况进行了全面、系统分析，找到了影响其可持续发展的关键因素，为发展策略制定提供了科学依据

通过对西安市的实证研究，主要结论如下：

（1）利用属性综合分析的结果显示，西安市城市旅游系统整体状态处于亚健康水平。一级指标中城市旅游主体、城市旅游载体 2 项处于较健康状态；城市旅游客体、城市居民 2 项处于亚健康状态；城市旅游媒介处于不健康状态，是西安城市旅游发展的主要"短板"。旅游市场规模、效益水平与参照比较的 15 个副省级城市存在较大的差距，是影响旅游媒介评价结果的主要因素。

（2）通过对西安市旅游生态效率分析，2016 年西安市旅游总体生态效率值为 $0.195kgCO_{2-e}$／¥，处于亚健康状态，部门间生态效率的优劣排序为：旅游活动＞旅游餐饮＞旅游交通＞旅游住宿。其中，交通与住宿部门足迹分别占足迹总量的 83.97%、11.41%，是旅游行业节能减排的关键。飞机使用比例高，造成碳足迹较大，是影响西安市旅游交通生态效率最主要的因素。游客停留时间过短，经济效益难以保证、住宿结构比较单一且能耗较低的住宿方式不够健全是旅游住宿生态效率不佳的主要原因。

（3）通过对西安市旅游业与经济、环境系统耦合协调性分析，2007 ～ 2016 年 10 年间其耦合关系由勉强耦合协调逐步进化到良好耦合协调状态，协调度动态曲线上升持续、稳定。但通过对比系统综合评价指数 T 与耦合协调度 D，在良好耦合协调表象下存在三大子系统发展水平欠佳的问题。通过对西安市旅游业与经济、环境系统耦合性分析发现，2007 ～ 2016 年 10 年间耦合度呈现出新一轮"S"形曲线波动上升的趋势，2011 年成为 10 年间耦合度变化的拐点。生态环境与城市经济交替或同步滞后取代了长期以来的旅游产业滞后，成为影响系统耦合协调的关键。虽然旅游产业发展出现了超越生态环境阈值的情况，但整体耦合协调性仍然呈现优化态势，在一定程度上反映了旅游产业与经济、环境耦合协调具有一定自组织性，有着朝向良性耦合发展的特征。

4. 对西安市城市旅游发展状况进行综合分析，找到了影响发展的关键因子，据此提出相应促进西安市旅游良性可持续发展的策略建议

本书在对西安市城市旅游系统内部状态、旅游生态效率、旅游与经济、环境协调性分析结果基础上，通过综合分析识别出了影响西安市城市旅游发展的关键因子，并详细分析了其产生的内在原因与影响机理。针对分析得出的西安市旅游发展在旅游市场规模偏小、旅游效益水平偏低、旅游产品类型与结构欠缺合理、生态环境治理效果有限、旅游交通与住宿碳足迹过高等主要"短板"问题，据此，有针对性地提出了树立生态开发理念，推进旅游生态建设；面向市场需求，丰富旅游产品类型；优化交通结构，提高旅游交通生态效率；刺激城市旅游消费结构升级，延长游客停留时间；提升城市经济活跃度，壮大旅游市场规模等 5 个方面的策略建议，为西安市旅游可持续发展提供了科学的实践指导与策略建议。

9.2 创 新 点

1. 贯彻生态文明理念，构建了系统、完备的城市旅游研究模型

城市旅游通过旅游产业链，将众多相关行业部门紧密联系形成了一个以满足旅游者旅游需求为主要功能的复杂系统，同时也与其所处的城市复合巨系统的经济、社会、文化和环境等要素之间存在着千丝万缕的联系。本书从生态文明全新视角，按照生态文明建设对产业发展在内部稳定高效、生态效益优化、内外协调一致等方面的理念，通过理论抽象和逻辑推演，构建了系统、完备的理论研究模型。该模型主要包括城市旅游系统、城市旅游生态效率和城市旅游与城市复合系统关系三个部分。其中，城市旅游系统内部要素关系是模型的主体、旅游生态效率是模型的重要支撑、旅游与城市复合系统关系是模型的关键所在。三个部分三位一体，兼具宏观、中观、微观三个层次，能较好地反映生态文明理念下对城市旅游可持续发展的要求，拓展了城市旅游发展研究思路，为城市旅游可持续发展研究提供了科学研究对象。

2. 基于生态文明视角，构建了城市旅游系统状态、旅游产业与经济、环境协调性分析指标体系

通过对生态文明内涵的解析，本书打破了传统研究无视城市居民在城市旅游系统中的关键作用，以及将环境因素置于系统外围的局限，借用生态旅游的发展理念，对城市旅游系统状态分析从城市旅游主体、客体、媒介、载体以及城市居民等 5 个方面出发，有针对性地设置了包括 5 个一级指标，15个二级指标、40 个三级指标构成的城市旅游系统状态分析指标体系。该指标体系能够较好地体现生态文明建设对城市旅游在环境保护以及地方居民生存利益维护的价值导向。在对旅游产业与经济、环境协调性分析指标体系设计中，本书采用压力—状态—反应（PSR）模型对生态环境子系统评价指标进行了细致筛选，以尽可能地选取反映城市生态系统运行机理具有特征性的指标，避免指标设置流于形式。同时，在对城市旅游产业系统的指标设计中，不仅考虑了反映当前旅游市场规模的指标，更充分考虑了反映产业未来发展趋势的产业结构水平与人才储备的指标因子，是目前对旅游产业协调性研究中比较完善的指标体系。

3. 基于城市旅游发展特征，科学界定碳足迹边界，建立了旅游生态效率模型

梳理国内为数不多的旅游碳足迹研究成果，发现普遍应用"从下至上"的过程分析法，并按照旅游生命周期理论将旅游碳足迹划分为旅游住宿、旅游交通、旅游活动等三大部分，而忽视了旅游餐饮环节产生的碳排放问题。另外，对旅游碳足迹最主要的组成部分旅游交通碳足迹的测算中，现有研究普遍以过夜旅游者作为研究样本，而忽略了当前占据我国国内旅游市场份额巨大的一日游游客所产生的碳足迹，造成碳足迹一定程度漏损。鉴于此，本书从城市旅游特征出发，将旅游者从客源地—目的地—客源地完整的旅游过程形成的碳足迹划分为旅游餐饮、旅游住宿、旅游交通、旅游活动等四个部分，因旅游购物存在贸易过程碳转移问题，故未作为本书研究范围。对旅游交通碳足迹的测算，本书分为外部交通与本地交通两部分进行实际测算，其中外部交通又分为入境游客、省内游客、省外游客三部分；本地交通由过夜

参考文献

［1］Stansfield A. A Note on The Urban – Nonurban Imbalance in American Recreational Research ［J］. The Tourist Review，1965，20（1）：21 – 23.

［2］潘利．河南省旅游业与现代服务业耦合发展钻石模型分析［J］．洛阳师范学院学报，2010，29（6）：169 – 172.

［3］汪德根．长江三角16城市旅游竞争力比较研究［J］．资源开发与市场，2007，23（5）：414 – 418.

［4］吴必虎．城乡巨变太任性？旅游型城镇化与乡村景观保护［EB/OL］．http：//www. bescn. com，2015 – 03 – 23.

［5］孙琪．城市生态旅游系统健康评价［D］．上海：上海师范大学，2017.

［6］习近平．决胜全面建成小康社会夺取新时代中国特色社会主义伟大胜利——在中国共产党第十九次全国代表大会上的报告［R］．人民网，2017 – 10 – 27.

［7］杨延风，马俊杰．对国内生态旅游理论与实践的反思［J］．中国农业资源与区划，2017，38（12）：235 – 240.

［8］Blackstone Corporation. Developing an urban ecotourism strategy for Metropolitan Toronto：a feasibility assessment for the green tourism Partnership［M］. Toronto：Toronto Green Tourism Association，1996.

［9］张翔，王艳平，杨桂华，等．生态文明旅游定义及其产业化［J］．生态经济，2016，32（6）：209 – 213.

［10］薛华菊，唐仲霞，方成江，等．生态文明视域下的青海省旅游—经济—环境系统协调发展研究［J］．资源开发与市场，2016，32（4）：410 – 413.

［11］郭向阳，明庆忠，穆学青，等．城市旅游业与生态文明耦合协调态势的时空演化研究——以河南省为例［J］．资源开发与市场，2017，33（6）：732 – 737.

[12] 龚志强，龚琪．生态文明与旅游目的地耦合协调度研究——以婺源县为例 [J].
生态经济，2018，34（6）：223 – 227.

[13] 张冉，丁镭，董鸿安，等．宁波市旅游产业发展与生态文明城市建设耦合协调
关系测度 [J]．国土资源科技管理，2017，34（4）：39 – 48.

[14] 黄松山．中国旅游研究的"视野"与"视角" [J]．旅游学刊，2014，29（1）：
8 – 10.

[15] 孙九霞，王学基，黄秀波．旅游研究的新视角、新方法、新趋势——旅游科
学国际学术研讨会暨中国旅游学院院长论坛会议综述 [J]．旅游学刊，2014，29（12）：
118 – 120.

[16] 邢明．旅游优势毋庸置疑加强领导势在必行——秦皇岛旅游经济现状调查 [J].
旅游学刊，1990，5（4）：18 – 20.

[17] 保继刚，蔡辉．旅游开发对南昆山的经济影响研究 [J]．人文地理，1995（2）：
18 – 24.

[18] 李志青．旅游业产出贡献的经济分析——上海市旅游业的产出贡献和乘数效应
[J]．上海经济研究，2001（12）：66 – 69.

[19] 王瑜．旅游业对福建经济发展贡献研究 [J]．北京第二外国语学院学报，2006，
133（3）：7 – 11.

[20] 郭康．嶂石岩地貌之发现及其旅游开发价值 [J]．地理学报，1992（5）：461 – 471.

[21] 齐德利，肖星，陈致均．甘肃省丹霞地貌空间分析及旅游开发布局研究 [J].
地理与地理信息科学，2003，19（3）：88 – 93.

[22] 董瑞杰，董治宝，吴晋峰，等．罗布泊雅丹地貌旅游资源评价与开发研究 [J].
中国沙漠，2013，33（4）：1235 – 1243.

[23] 吴晋峰，郭峰，王鑫，等．库姆塔格沙漠风沙地貌遗产的旅游开发 [J]．中国
沙漠，2012，32（4）：1163 – 1168.

[24] 刘敦荣，袁照英．旅游市场需求和现代旅游产品开发——以北京旅游产品开发
为例 [J]．旅游论坛，1998（4）：31 – 33.

[25] 顾幼瑾，黄兆雄．从旅游产品的特点看昆明旅游产品的开发策略 [J]．经济问
题探索，1998（10）：62 – 63.

[26] 杨振之，陈谨．旅游产品策划的理论与实证研究 [J]．四川师范大学学报（社
会科学版），2006，33（4）：105 – 110.

[27] 陈义彬．闽粤赣边客家地区旅游产品开发研究 [J]．经济地理，2005，25（6）：
924 – 927.

[28] 仓理新．社会学视角下的旅游文化现象 [J]．旅游学刊，2008，23（12）：70 – 76.

[29] 王宁．旅游、现代性与"好恶交织"——旅游社会学的理论探索 [J]．社会学研

究，1999（6）：93 – 102.

［30］雷平，施祖麟. 我国国内旅游需求及影响因素研究［J］. 人文地理，2009（1）：102 – 105.

［31］吴必虎，李咪咪，黄国平. 中国世界遗产地保护与旅游需求关系［J］. 地理研究，2002，21（5）：617 – 626.

［32］陈思莲. 旅游开发与民族村寨社会变迁［J］. 中南民族大学学报（人文社会科学版），2013，33（4）：46 – 49.

［33］Alexis Celeste Bunten，张进福. 土著旅游与社会变迁［J］. 旅游学刊，2013，28（12）：4 – 6.

［34］李经龙，郑淑婧，周秉根. 旅游对旅游目的地社会文化影响研究［J］. 地域研究与开发，2003，22（6）：80 – 84.

［35］李祝舜，蒋艳. 欠发达旅游地社会文化变迁与社会心理现代化［J］. 北京第二外国语学院学报，2003（5）：89 – 93.

［36］卞显红，沙润，邹丽敏，等. 旅游与社区一体化发展研究［J］. 地域研究与开发，2005，24（5）：71 – 76.

［37］吴楚材，吴章文，郑群明，等. 生态旅游概念的研究［J］. 旅游学刊，2007，22（1）：67 – 71.

［38］Lascurain H C. Tourism，Ecotourism，and Protected Areas：The State of Nature-based Tourism around the World and Guidelines for Its Development［J］. Geographical Journal，1996，164（3）：349.

［39］Cater E. Ecotourism［J］. International Encyclopedia of the Social & Behavioral Sciences，2001，25（3）：4165 – 4168.

［40］Boo E. Ecotourism：the potentials and pitfalls：country case studies［J］. Ecotourism the Potentials & Pitfalls，1990（2）：78 – 86.

［41］Western D，Lindberg K，Hawkins D E. Defining ecotourism［J］. Ecotourism A Guide for Planners & Managers，1993（3）：7 – 11.

［42］Buckley R. A framework for ecotourism［J］. Annals of Tourism Research，1994，21（3）：661 – 665.

［43］Jalani J O. Local People's Perception on the Impacts and Importance of Ecotourism in Sabang，Palawan，Philippines［J］. Procedia – Social and Behavioral Sciences，2012，57（9）：247 – 254.

［44］Lai P H，Nepal S K. Local perspectives of ecotourism development in Tawushan Nature Reserve，Taiwan［J］. Tourism Management，2006，27（6）：1117 – 1129.

［45］Surendran A，Sekar C. An economic analysis of willingness to pay（WTP）for conserving the biodiversity [J]. International Journal of Social Economics, 2010, 37 (7): 637 - 648.

[46] Blangy S, Mehta H. Ecotourism and ecological restoration [J]. Journal for Nature Conservation, 2006, 14 (3): 233 - 236.

[47] Mieras P A, Harveyclark C, Bear M, et al. The Economy of Shark Conservation in the Northeast Pacific: The Role of Ecotourism and Citizen Science [J]. Advances in Marine Biology, 2017, 78 (2): 121 - 153.

[48] Akama J S, Ondimu K I. Tourism product development and the changing consumer demand: a case study of Kenya [J]. Asia Pacific Journal of Tourism Research, 2001, 6 (1): 56 - 62.

[49] Scheyvens R. Ecotourism and the Empowerment of Local Communities [J]. Tourism Management, 1999, 20 (2): 245 - 249.

[50] Tosun C. Expected nature of community participation in tourism development [J]. Tourism management, 2006, 27 (3): 493 - 504.

[51] Tuan P L. Assessment of Ecotourism Management in A Strictly Protected Area of A National Park: Hang En Cave, Vietnam [R]. The Athens Jean Monnet Papers, 2015.

[52] 郭来喜. 中国生态旅游——可持续旅游的基石 [J]. 地理科学进展, 1997, 16 (4): 1 - 10.

[53] 卢云亭. 生态旅游与可持续旅游发展 [J]. 经济地理, 1996, 16 (3): 106 - 112.

[54] 刘德谦. 中国生态旅游的面临选择 [J]. 旅游学刊, 2003, 18 (2): 63 - 68.

[55] 牛亚菲. 可持续旅游，生态旅游及实施方案 [J]. 地理研究, 1999, 18 (2): 179 - 184.

[56] 章建斌, 吴彩云. 试论城郊森林公园生态旅游功能的实现 [J]. 世界林业研究, 2005, 18 (1): 73 - 77.

[57] 王保忠, 何平, 李建龙, 等. 南洞庭湖湿地文化遗产的生态旅游价值研究 [J]. 北京林业大学学报（社会科学版）, 2004, 3 (4): 10 - 15.

[58] 卢小丽, 武春友, Holly Donohoe. 生态旅游概念识别及其比较研究——对中外40个生态旅游概念的定量分析 [J]. 旅游学刊, 2006, 21 (2): 56 - 61.

[59] 于伟, 张鹏, 张彦. 国际生态旅游研究的知识图谱分析——基于SSCI数据库2005年以来文献的科学计量研究 [J]. 旅游科学, 2012, 26 (3): 10 - 17.

[60] 李军玲. 从生态旅游植被景观特征分析普陀山旅游对植被的影响 [J]. 中国农学通报, 2011, 27 (26): 270 - 275.

[61] 高文智, 杨艳丽. 农村生态旅游资源跨越式开发潜力评价——以北京市延庆区大庄科乡为例 [J]. 中国农业资源与区划, 2016, 37 (9): 191 - 195.

[62] 欧阳勋志. 婺源县森林景观美学评价及其对生态旅游影响的研究 [D]. 南京：

南京林业大学，2004.

［63］李宏彬，郭春华．旅游生态影响与生态管理研究［J］．林业经济问题，2006，26（6）：549－552.

［64］Orams M B. Towards a more desirable form of ecotourism［J］. Tourism Management，1995，16（1）：3－8.

［65］方叶林，黄震方，段忠贤，等．中国旅游业发展与生态环境耦合协调研究［J］.经济地理，2013，33（12）：195－201.

［66］董亚娟，马耀峰，李振亭．西安入境旅游流与城市旅游环境耦合协调关系研究［J］.地域研究与开发，2013，32（1）：98－101.

［67］窦银娣，李伯华，刘沛林．旅游产业与新型城镇化耦合发展的机理、过程及效应研究［J］.资源开发与市场，2015，31（12）：1525－1528.

［68］杨松茂，任燕．陕西旅游产业与区域经济耦合协调发展度研究［J］.统计与信息论坛，2013，28（3）：76－81.

［69］王新歌，席建超，陈田．社区居民生计模式变迁与土地利用变化的耦合协调研究——以大连金石滩旅游度假区为例［J］.旅游学刊，2017，32（3）：107－116.

［70］窦银娣，李伯华，刘沛林．旅游产业与新型城镇化耦合发展的机理、过程及效应研究［J］.资源开发与市场，2015，31（12）：1525－1528.

［71］陆军．加强城乡旅游协调发展［J］.旅游学刊，2006，21（5）：11－11.

［72］宋瑞．生态文明制度建设背景下的可持续旅游发展研究［J］.生态经济，2018，34（9）：134－138.

［73］胡锦涛．坚定不移沿着中国特色社会主义道路前进为全面建成小康社会而奋斗——在中国共产党第十八次全国代表大会上的报告［M］.北京：人民出版社，2012.

［74］Bramwell B. Sustainable tourism management education inEurope.［J］. Tourism Management，1996，17（17）：307－308.

［75］保继刚．城市旅游：原理·案例［M］.天津：南开大学出版社，2005.

［76］Stoffle R W，Rasch D L. Alone together social order on an urban beach［M］. University of California Press，1981.

［77］Wall G. Atlantic City Tourism and Social Change［J］. Annals of Tourism Research，1983，10（4）：555－556.

［78］Vukonić B，Tkalac D. Tourism and urban revitalization a case study of Poreč，Yugoslavia［J］. Annals of Tourism Research，1984，11（4）：591－605.

［79］李艳娜，胡波．城市生态旅游初探［J］.重庆理工大学学报（自然科学），2002，16（2）：87－89.

［80］Wu Y Y，Wang H L，Ho Y F. Urban ecotourism：Defining and assessing dimensions using fuzzy number construction [J]. Tourism Management, 2010, 31 (6): 739 – 743.

[81] Flognfeldt T. The different movement patterns of travel in Norway [J]. Tourism Management, 1992, 13 (1): 145 – 151.

[82] Higham J, Lück M. Urban ecotourism: a contradiction in terms? [J]. Journal of Ecotourism, 2002, 1 (1): 36 – 51.

[83] 秦树辉. 强化城市综合管理建设城市生态旅游景观的探讨——以呼和浩特市为例 [J]. 干旱区资源与环境, 1999 (s1): 78 – 82.

[84] 王谢勇. 大连市发展城市生态旅游的思路 [J]. 大连大学学报, 2000 (5): 15 – 17.

[85] 程道品, 刘宏盈. 桂林城市生态旅游及开发 [J]. 城市问题, 2006, 129 (1): 23 – 28.

[86] 白慧姝, 米文宝. 银川市城市生态旅游研究 [J]. 水土保持研究, 2007, 14 (5): 192 – 196.

[87] 王友明. 城市旅游可持续发展评价指标体系的构建与实证分析——以苏南五市为例 [J]. 南京师大学报 (自然科学版), 2011, 34 (2): 119 – 124.

[88] 周志宏. 长株潭城市群旅游可持续发展评价研究 [J]. 中国农学通报, 2012, 28 (26): 140 – 145.

[89] 王静. 青岛城市旅游环境承载力初步研究 [D]. 青岛: 青岛大学, 2009.

[90] 曹辉. 城市旅游生态足迹测评——以福建省福州市为例 [J]. 资源科学, 2007, 29 (6): 98 – 105.

[91] 李君轶, 马耀峰, 杨敏. 基于游客行为的旅游生态足迹研究——以西安市入境游客为例 [J]. 地域研究与开发, 2007, 26 (2): 107 – 111.

[92] 高楠, 马耀峰, 李天顺, 等. 基于耦合模型的旅游产业与城市化协调发展研究 [J]. 旅游学刊, 2013, 28 (1): 62 – 68.

[93] 徐菲菲. 滨海生态旅游地可持续发展模式研究——以江苏连云港为例 [J]. 经济地理, 2003, 23 (4): 547 – 550.

[94] 杨兴柱, 陆林. 城市旅游地居民感知差异及其影响因素系统分析——以中山市为例 [J]. 城市问题, 2005 (2): 44 – 50.

[95] 罗文斌, 徐飞雄, 张彤. 基于 Probit 模型的城市旅游游客满意度影响因素实证研究 [C]. 中国旅游科学年会, 2013.

[96] 张明, 陈谨. 旅游企业与旅游消费者心理契约的维度及其关系——基于 8 城市调查数据的实证研究 [J]. 旅游科学, 2011, 25 (3): 57 – 66.

[97] Dearden P, Harron S. Alternative tourism and adaptive change [J]. Annals of Tourism Research, 1994, 21 (1): 81 – 102.

［98］曹辉，陈秋华．福州市旅游生态足迹动态［J］．生态学报，2007，27（11）：4686－4695．

［99］杨晓俊，方传珊，侯叶子．基于生态足迹的西安城市生态游憩空间优化研究［J］．地理研究，2018，37（2）：281－291．

［100］马晓龙．国内外旅游效率研究进展与趋势综述［J］．人文地理，2012（3）：11－17．

［101］刘佳，张俊飞．国内外旅游效率研究进度与展望［J］．大连民族大学学报，2017，19（4）：379－382．

［102］Arbelo－Pérez M，Arbelo A，et al. Impact of quality on estimations of hotel efficiency［J］. Tourism Management，2017，61：200－208．

［103］Ko C H，Sloan T R，Presbury R. The effect of location on DEA efficiency measure：case study from Taiwanese International Tourist hotel［C］. Proceedings of the 6th Asia Academy of Management Conference，Taipei，Taiwan，December 14－16，2008．

［104］Barros C P. Evaluating the efficiency of a small hotel chain with a Malmquist productivity index［J］. International Journal of Tourism Research，2010，7（3）：173－184．

［105］Peng H，Zhang J，Lu L，et al. Eco-efficiency and its determinants at a tourism destination：A case study of Huangshan National Park，China［J］. Tourism Management，2017，60：201－211．

［106］罗芬，钟永德，王怀採．碳足迹研究进展及其对低碳旅游研究的启示［J］．世界地理研究，2010，19（3）：105－113．

［107］Stefan G. Global environmental consequences of tourism［J］. Global Environmental Change，2002，12（4）：283－302．

［108］Kytzia S，Walz A，Wegmann M. How can tourism use land more efficiently? A model-based approach to land-use efficiency for tourist destinations［J］. Tourism Management，2011，32（3）：629－640．

［109］徐黎．谈生态文明建设的有效途径［J］．商场现代化，2009（19）：90－91．

［110］赵黎明，徐文杰．循环经济指导下的农业发展道路探析［J］．内蒙古农业大学学报（社会科学版），2006，8（1）：193－195．

［111］欧阳志云．开创复合生态系统生态学，奠基生态文明建设——纪念著名生态学家王如松院士诞辰七十周年［J］．生态学报，2017，37（17）：5579－5583．

［112］马世骏，王如松．社会—经济—自然复合生态系统［J］．生态学报，1984，4（1）：3－11．

［113］王如松，李锋．论城市生态管理［J］．中国城市林业，2006，1（2）：8－13．

［114］Buckley R. Sustainable tourism：Research and reality［J］. Annals of Tourism Research, 2012, 39（2）：528 - 546.

　　［115］Sofield T, Li S. Tourism governance and sustainable national development in China: a macro-level synthesis ［J］. Journal of Sustainable Tourism, 2011, 19（4）：501 - 534.

　　［116］中国网. 生态文明 ［EB/OL］. http：//guoqing. china. com. cn/zhuanti/2015 - 07/28/content_36167840_6. htm, 2015 - 07 - 28.

　　［117］嘉兴文明网. 生态文明的内涵及其地位 ［EB/OL］. http：//www. jxwmw. gov, 2017 - 09 - 10.

　　［118］人民论坛. 以生态文明建设引领产业结构升级 ［EB/OL］. http：//mini. eastday. com/bdmip/180313102618164. html#, 2018 - 03 - 13.

　　［119］程乾生. 属性识别理论模型及其应用 ［J］. 北京大学学报（自然科学版）, 1997, 33（1）：12 - 20.

　　［120］颜文涛, 袁兴中, 邢忠. 基于属性理论的城市生态系统健康评价——以重庆市北部新区为例 ［J］. 生态学杂志, 2007, 26（10）：1679 - 1684.

　　［121］颜文涛. 城市生态系统健康属性综合评价模型及应用研究 ［J］. 系统工程理论与实践, 2007, 27（8）：137 - 145.

　　［122］程建权. 城市系统工程 ［M］. 武汉：武汉测绘大学出版社, 1999.

　　［123］程乾生. 属性集和属性综合评价系统 ［J］. 系统工程理论与实践, 1997, 17（9）：2 - 9.

　　［124］Saaty T L. Fundamentals of the Analytic Hierarchy Process ［M］. The Analytic Hierarchy Process in Natural Resource and Environmental Decision Making, 2001.

　　［125］韩传模, 汪士果. 基于 AHP 的企业内部控制模糊综合评价 ［J］. 会计研究, 2009（4）：55 - 61.

　　［126］Kytzia S, Walz A, Wegmann M. How can tourism use land more efficiently? A model-based approach to land-use efficiency for tourist destinations. ［J］. Tourism Management, 2011, 32（3）：629 - 640.

　　［127］卢宏. 旅游碳足迹的测算研究进展与展望 ［J］. 旅游研究, 2018, 10（2）：75 - 83.

　　［128］海岛地区旅游地碳足迹与可持续发展研究 ［D］. 大连：辽宁师范大学, 2012.

　　［129］Stefan G, Hall C M. Swedish tourism and climate change mitigation: an emerging conflict? ［J］. Scandinavian Journal of Hospitality & Tourism, 2008, 8（2）：141 - 158.

　　［130］Becken S. The Carbon footprint of Domestic Tourism ［EB/OL］. http：//researcharchive. Lincoln. c. na/dspace/bitstream/10182/1216/1/becken_carbon_footprint. pdf, 2009 - 04 - 12.

　　［131］Peeters P, Stefan G. Can tourism deliver its "aspirational" greenhouse gas emission reduction targets? ［J］. Journal of Sustainable Tourism, 2010, 18（3）：393 - 408.

[132] Perchnielsen S L, Amelung B, Knutti R. Future climate resources for tourism in Europe based on the daily Tourism ClimaticIndex. [J]. Climatic Change, 2010, 103 (3 - 4): 363 - 381.

[133] Stefan G, C. Borgström H, Hörstmeierc O, et al. Ecological footprint analysis as a tool to assess tourism sustainability [J]. Ecological Economics, 2002, 43 (2): 199 - 211.

[134] 姚治国, 陈田. 国外旅游生态效率研究综述 [J]. 自然资源学报, 2015, 30 (7): 1222 - 1231.

[135] 喻闻, 许世卫. 2012 年中国农村居民食物消费分析 [Z]. 中国农业科学院农业信息, 2013.

[136] 张瑞英, 席建超, 葛全胜. 基于生命周期理论的旅游者碳足迹分析: 一种"低碳旅游"测度框架及其实证研究 [J]. 干旱区资源与环境, 2015, 29 (6): 169 - 175.

[137] Nae W K, Pei H C. Quantifying energy use, carbon dioxide emission, and other environmental loads from island tourism based on a life cycle assessment approach [J]. Journal of Cleaner Production, 2009 (17): 1324 - 1330.

[138] Stefan G. Global Environmental Consequences of Tourism [J]. Global Environmental Change, 2002 (12): 283 - 302.

[139] Stefan G, Paul P, Jean P. C, Ghislain D, et al. The eco-efficiency of tourism [J]. Ecological Economics, 2005 (54): 417 - 434.

[140] Kelly J, Williams P W. Modelling tourism destination energy consumption and greenhouse gas emissions: Whistler, British Columbia, Canada [J]. Journal of Sustainable Tourism, 2007, 15 (1): 67 - 90.

[141] Peeters P, Schouten F. Reducing the ecological footprint of inbound tourism and transport to Amsterdam [J]. Journal of Sustainable Tourism, 2007, 14 (2): 157 - 171.

[142] Stefan G, Paul P, Jean P C. The eco-efficiency of tourism [J]. Ecological Economics, 2005 (54): 417 - 434.

[143] 姚治国, 陈田, 尹寿兵, 等. 区域旅游生态效率实证分析——以海南省为例 [J]. 地理科学, 2016, 36 (3): 417 - 423.

[144] Sussane B, David G. Simmons. Energy use with different travel choices [J]. Tourism Management, 2003 (24): 267 - 277.

[145] 姚治国. 低碳旅游生态效率研究 [D]. 天津: 天津大学, 2013.

[146] Hasselmann K, Latif M, Hooss G, et al. The challenge of long-term climate change [J]. Science, 2003, 302 (5652): 1923 - 1925.

[147] 甄翌. 基于温室气体排放的旅游目的地旅游生态效率研究——以张家界为例 [J]. 安徽农业科学, 2013, 41 (8): 3485 - 3487.

［148］姚治国，陈田．基于碳足迹模型的旅游碳排放实证研究——以海南省为案例［J］．经济管理，2016，38（2）：151－159．

［149］The National Bureau of Statistics. World Statistics Year book 2005 ［M］. Beijing: China Statistics Press, 2006.

［150］肖建红，于爱芬，王敏．旅游过程碳足迹评估——以舟山群岛为例［J］．旅游科学，2011，25（4）：58－66．

［151］周成，冯学钢，唐睿．区域经济—生态环境—旅游产业耦合协调发展分析与预测——以长江经济带沿线各省市为例［J］．经济地理，2016，36（3）：186－193．

［152］朱江丽，李子联．长三角城市群产业—人口—空间耦合协调发展研究［J］．中国人口·资源与环境，2015，25（2）：75－82．

［153］廖重斌．环境与经济协调发展的定量评判及其分类体系——以江三角洲城市群为例［J］．热带地理，1999（2）：76－82．

［154］崔峰．上海市旅游经济与生态环境协调发展度研究［J］．中国人口·资源与环境，2008，18（5）：64－69．

［155］庞闻，马耀峰，杨敏．城市旅游经济与生态环境系统耦合协调度比较研究——以上海、西安为例［J］．统计与信息论坛，2011，26（12）：44－48．

［156］吴耀宇，崔峰．南京市旅游经济与生态环境协调发展关系测度及分析［J］．旅游论坛，2012，5（2）：79－83．

［157］王秋元．武汉市旅游经济与生态环境耦合协调度研究［D］．武汉：华中师范大学，2015．

［158］杨松茂，任燕．陕西旅游产业与区域经济耦合协调发展度研究［J］．统计与信息论坛，2013，28（3）：76－81．

［159］生延超，钟志平．旅游产业与区域经济的耦合协调度研究——以湖南省为例［J］．旅游学刊，2009，24（8）：23－29．

［160］钟高峥，耿娇阳，麻学锋．西藏旅游产业发展与经济增长的相关性研究［J］．经济地理，2012，32（11）：166－170．

［161］胡建华，尚俊龙，雷涛．基于RS－TOPSIS法的地下工程岩体质量评价［J］．中南大学学报（自然科学版），2012，43（11）：4412－4419．

［162］吴耀宇，崔峰．南京市旅游经济与生态环境协调发展关系测度及分析［J］．旅游论坛，2012，5（2）：79－83．

［163］黄金川，方创琳．城市化与生态环境交互耦合机制与规律性分析［J］．地理研究，2003，22（2）：211－220．

［164］牛金鹏．2018年西安获批国家中心城市［N］．陕西日报，2018－12－24．

［165］西安发布．西安荣登八项中心榜单［N］．西安日报，2018－11－05．

［166］胡华.基于和谐旅游视角的陕西秦岭旅游和谐度评价［D］.西安：陕西师范大学，2010.

［167］吴晋峰，马耀峰.西安市旅游资源的开发研究［J］.干旱区资源与环境，2006，20（1）：53－56.

［168］康传义，孟珂.终南山是座世界地质公园［N］.陕西日报，2017－09－06.

［169］王昕.8大成就看西安发展新变化［N］.西安日报，2018－12－19.

［170］樊华.人均GDP达到中等偏上收入地区水平［N］.西安日报，2016－02－16.

［171］迈点.内地酒店回暖！武汉、西安跻身"一线城市"全年入住率超过70%［OB/EL］.http：//www.sohu.com/a/224242039_166401，2018－02－27.

［172］华商网.2017年陕西省民宿报告［OB/EL］.http：//news.hsw.cn/system/2018/0419/980227.shtml，2018－04－19.

［173］金传芳，郑国璋.江苏沿江城市群城市生态系统健康评价［J］.环境与可持续发展，2010，35（6）：13－17.

［174］杨延风.基于IPA分析的乡村旅游餐饮服务满意度评价实证研究——以陕西袁家村为例［J］.资源开发与市场，2018，34（3）.

［175］碳排放交易网.对"碳密集型"食品应实行大规模征税［EB/OL］，http：//www.tanpaifang.com/tanshui/2016/1122/57693.html，2016－11－22.

［176］Nae-wen K，Chen P H. Quantifying energy use，carbon dioxide emission，and other environmental loads from island tourism based on a life cycle assessment approach［J］. Journal of Cleaner Production，2009，17（15）：1324－1330.

［177］Kelly J，Williams P W. Modelling tourism destination energy consumption and green-house gas emissions：Whistler，British Columbia，Canada［J］. Journal of Sustainable Tourism，2007，15（1）：67－90.

［178］姚治国，陈田.基于碳足迹模型的旅游碳排放实证研究——以海南省为案例［J］.经济管理，2016（2）：151－159.

［179］石培华，吴普.中国旅游业能源消耗与CO_2排放量的初步估算［J］.地理学报，2011，66（2）：235－243.

［180］黎洁.旅游卫星账户与旅游业的产出核算［J］.统计与决策，2007（2）：13－15.

［181］肖建红，于爱芬，王敏.旅游过程碳足迹评估——以舟山群岛为例［J］.旅游科学，2011，25（4）：58－66.

［182］章锦河.旅游废弃物生态影响评价——以九寨沟、黄山风景区为例［J］.生态学报，2007，28（6）：2764－2774.

［183］宋超山，马俊杰，杨风，等.城市化与资源环境系统耦合研究——以西安市为例［J］.干旱区资源与环境，2010，24（5）：85－90.

［184］杨耀青. 扎实推动经济持续健康发展，西安彰显关中平原城市群核心担当［N］. 西安日报，2019 – 02 – 19.

［185］王佟，王莹. 陕西渭河盆地地热资源赋存特征研究［J］. 西安科技大学学报，2004，24（1）：82 – 85.

［186］潘英丽. 西安稳步驶入高质量追赶超越快车道［N］. 中国经济时报，2019 – 03 – 08.

［187］赵辉. 政府工作报告解读：2018 国家中心城市建设精彩开局 2019 奋力追赶超越加速高质量发展［N］. 西安晚报，2019 – 02 – 16.

系统状态 AHP 层次分析法
赋权判断矩阵与检验结果

1. 城市旅游系统内部状态健康度 $CR=0.0559<0.1$；$\lambda_{max}=5.2503$

指标	S 城市旅游主体	O 城市旅游客体	M 城市旅游媒体	C 城市旅游载体	L 城市居民	W_i
S 城市旅游主体	1	2	2	1	0.3333	0.1958
O 城市旅游客体	0.5	1	0.5	0.5	0.5	0.1053
M 城市旅游媒体	0.5	2	1	0.3333	0.5	0.1294
C 城市旅游载体	1	2	3	1	1	0.2598
T 城市旅游社区	3	2	2	1	1	0.3097

2. 城市旅游主体 $CR=0.0432<0.1$，$\lambda_{max}=4.1155$

S 城市旅游主体	S1 身体健康	S2 文化水平	S3 消费水平	S4 旅游意愿	W_i
S1 身体健康	1	0.3333	0.2	0.2	0.0656
S2 文化水平	3	1	0.2	0.3333	0.1306
S3 消费水平	5	5	1	1	0.4336
S4 旅游意愿	5	3	1	1	0.3702

3. 城市旅游客体 $CR=0.0000<0.1$，$\lambda_{max}=2.0000$

O 城市旅游客体	O1 景观价值	O2 产品功能	W_i
O1 景观价值	1	0.3333	0.25
O2 产品功能	3	1	0.75

4. 城市旅游媒体 $CR = 0.0059 < 0.1$，$\lambda_{max} = 5.0264$

M 城市 旅游媒体	M1 旅游 市场规模	M2 旅游 要素结构	M3 旅游 人力资源	M4 旅游 服务水平	M5 基础 设施条件	W_i
M1 旅游市场规模	1	2	2	1	1	0.2392
M2 旅游要素结构	0.5	1	1	0.3333	0.3333	0.1011
M3 旅游人力资源	0.5	1	1	0.3333	0.3333	0.1011
M4 旅游服务水平	1	3	3	1	1	0.2794
M5 基础设施条件	1	3	3	1	1	0.2794

5. 城市旅游载体 $CR = 0.0000 < 0.1$；$\lambda_{max} = 2.0000$

城市旅游载体	自然生态环境	社会经济环境	W_i
自然生态环境	1	1	0.5
社会经济环境	1	1	0.5

6. 城市居民 $CR = 0.0000 < 0.1$；$\lambda_{max} = 2.0000$

城市生态旅游社区	居民参与	利益保护	W_i
居民参与	1	1	0.5
利益保护	1	1	0.5

7. 身体健康 $CR = 0.0000 < 0.1$；$\lambda_{max} = 1.0000$

身体健康	人均预期寿命	W_i
人均预期寿命	1	1

8. 文化水平 $CR = 0.0000 < 0.1$；$\lambda_{max} = 2.0000$

文化水平	万人在校大学生数	人口平均受教育年限	W_i
万人在校大学生数	1	0.5	0.3333
人口平均受教育年限	2	1	0.6667

9. 消费水平 $CR = 0.0000 < 0.1$；$\lambda_{max} = 2.0000$

消费水平	恩格尔系数	城镇居民可支配收入	W_i
恩格尔系数	1	0.5	0.3333
城镇居民可支配收入	2	1	0.6667

10. 旅游意愿 $CR = 0.0000 < 0.1$；$\lambda_{max} = 2.0000$

旅游意愿	年均出游次数	旅游人均花费	W_i
年均出游次数	1	0.3333	0.25
旅游人均花费	3	1	0.75

11. 景观价值 $CR = 0.0000 < 0.1$；$\lambda_{max} = 2.0000$

景观价值	观赏美观度与奇特度	3A 以上景点数量	W_i
观赏美观度与奇特度	1	0.3333	0.25
3A 以上景点数量	3	1	0.75

12. 产品功能 $CR = 0.0176 < 0.1$；$\lambda_{max} = 3.0183$

产品功能	环保教育功能	消遣娱乐功能	探索新知功能	W_i
环保教育功能	1	4	2	0.5584
消遣娱乐功能	0.25	1	0.3333	0.122
探索新知功能	0.5	3	1	0.3196

13. 旅游市场规模 $CR = 0.0300 < 0.1$；$\lambda_{max} = 4.0801$

旅游市场规模	入境旅游人数	国内旅游人数	旅游外汇收入	旅游总收入	W_i
入境旅游人数	1	1	1	0.3333	0.1616
国内旅游人数	1	1	1	0.2	0.1449
旅游外汇收入	1	1	1	0.5	0.1825
旅游总收入	3	5	2	1	0.5111

14. 旅游要素结构 $CR = 0.0000 < 0.1$；$\lambda_{max} = 2.0000$

旅游要素结构	星级饭店数量	旅行社数量	W_i
星级饭店数量	1	1	0.5
旅行社数量	1	1	0.5

15. 旅游人力资源 $CR = 0.0000 < 0.1$；$\lambda_{max} = 2.0000$

旅游人力资源	旅游从业人数	旅游院校学生人数	W_i
旅游从业人数	1	0.3333	0.25
旅游院校学生人数	3	1	0.75

16. 旅游服务水平 $CR = 0.0000 < 0.1$；$\lambda_{max} = 2.0000$

旅游服务水平	旅游解说系统满意度	信息服务满意度	W_i
旅游解说系统满意度	1	1	0.5
信息服务满意度	1	1	0.5

17. 基础设施条件 $CR = 0.0714 < 0.1$；$\lambda_{max} = 5.3200$

基础设施条件	城区公交站点500 米覆盖率	铁路旅客周转量	民用航空客运量	公路旅客周转量	市内公共交通分担率	W_i
城区公交站点500 米覆盖率	1	1	0.3333	0.3333	1	0.1277
铁路旅客周转量	1	1	2	1	1	0.2283
民用航空客运量	3	0.5	1	1	1	0.2145
公路旅客周转量	3	1	1	1	2	0.2666
市内公共交通分担率	1	1	1	0.5	1	0.1629

18. 自然生态环境 $CR = 0.0585 < 0.1$；$\lambda_{max} = 5.2622$

自然生态环境	人均公共绿地面积	饮用水源水质达标率	森林覆盖率	城区空气质量优良达标注率公交站点500 米覆盖率	环保投资GDP 占比	W_i
人均公共绿地面积	1	0.3333	2	0.3333	2	0.1566
饮用水源水质达标率	3	1	2	1	2	0.2936
森林覆盖率	0.5	0.5	1	0.3333	2	0.1269
城区空气质量优良达标注率	3	1	3	1	2	0.3178
环保投资GDP 占比	0.5	0.5	0.5	0.5	1	0.105

19. 社会经济环境 $CR = 0.0806 < 0.1$；$\lambda_{max} = 4.2153$

社会经济环境	单位 GDP 能耗	第三产业 GDP 比重	人均 GDP	万人拥有病床数	W_i
单位 GDP 能耗	1	1	2	1	0.2855
第三产业 GDP 比重	1	1	1	0.3333	0.1858
人均 GDP	0.5	1	1	1	0.2034
万人拥有病床数	1	3	1	1	0.3254

20. 居民参与 $CR = 0.0000 < 0.1$；$\lambda_{max} = 2.0000$

居民参与	城市居民参与效果	城市居民参与态度	W_i
社区参与效果	1	0.5	0.3333
社区参与态度	2	1	0.6667

21. 利益保护 $CR = 0.0000 < 0.1$；$\lambda_{max} = 2.0000$

利益保护	地方经济利益保护	地方文化利益保护	W_i
社区经济利益保护	1	1	0.5
社区文化利益保护	1	1	0.5

系统状态三级指标层属性测度评价结果

三级指标/单位	健康状况					结论
	病态	不健康	亚健康	较健康	很健康	
	属性测度					
S11 人均预期寿命（岁）	0.0007	0.0208	0.1433	0.6335	0.2018	较健康
S21 人口平均受教育年限（年）	0.0086	0.0017	0.4648	0.4846	0.0403	亚健康
S22 万人在校大学生数（人）	0.0000	0.0015	0.8031	0.1889	0.0065	亚健康
S31 恩格尔系数（%）	0.0000	0.0019	0.4548	0.4182	0.1251	亚健康
S32 居民人均可支配收入（万元）	0.0000	0.0000	0.0000	0.0000	1.0000	很健康
S41 年平均出游次数（次）	0.0000	0.0001	0.8708	0.1250	0.0040	亚健康
S42 旅游人均次花费（元）	0.0000	0.0001	0.1727	0.8097	0.0175	较健康
O11 观赏美观度与奇特度（分）	0.0000	0.0002	0.2159	0.7730	0.0108	较健康
O12 3A 以上景点数量（个）	0.0000	0.0000	0.0000	0.0000	1.0000	很健康
O21 环保教育功能（分）	0.0001	0.1422	0.8384	0.0193	0.0000	亚健康
O22 消遣娱乐功能（分）	0.0018	0.4842	0.5119	0.0021	0.0000	不健康
O23 探索新知功能（分）	0.0000	0.0003	0.2256	0.7640	0.0101	较健康
M11 入境旅游人数（万人次）	0.0000	0.6082	0.0001	0.0001	0.3915	不健康
M12 旅游外汇收入（亿美元）	0.0000	0.9997	0.0001	0.0001	0.0000	不健康
M13 国内旅游人数（百万人次）	0.0000	0.0000	0.4311	0.5072	0.0616	亚健康
M14 旅游总收入（亿元）	0.1563	0.8029	0.0403	0.0000	0.0006	不健康
M21 星级以上饭店总数（个）	0.0000	0.0742	0.8164	0.1094	0.0000	亚健康
M22 旅行社总数（个）	0.0001	0.1764	0.8220	0.0016	0.0000	亚健康
M31 旅游从业人数（万人）	0.1031	0.6168	0.2587	0.0000	0.0215	不健康
M32 旅游院校学生人数（万人）	0.0017	0.9960	0.0022	0.0001	0.0000	不健康

三级指标/单位	健康状况					结论
	病态	不健康	亚健康	较健康	很健康	
	属性测度					
M41 旅游解说系统满意度（分）	0.0000	0.0396	0.8834	0.0770	0.0000	亚健康
M42 信息服务满意度（分）	0.0000	0.0003	0.2355	0.7547	0.0094	较健康
M51 公路旅客周转量（亿人/公里）	0.0018	0.9982	0.0000	0.0000	0.0000	不健康
M52 铁路旅客周转量（亿人/公里）	0.0000	0.9997	0.0002	0.0001	0.0000	不健康
M53 民用航空客运量（万人）	0.0000	0.0493	0.7731	0.1770	0.0006	亚健康
M54 市内公共交通出行率（%）	0.0000	0.0000	0.0010	0.9291	0.0699	较健康
M55 城区公交站点 500 米覆盖率（%）	0.0000	0.0000	0.2577	0.7415	0.0007	较健康
C11 空气质量优良达标率（%）	0.0816	0.8138	0.1046	0.0000	0.0000	不健康
C12 饮用水源水质达标率（%）	0.0000	0.0000	0.0006	0.2800	0.7194	很健康
C13 森林覆盖率（%）	0.0000	0.0000	0.0000	0.1096	0.8904	很健康
C14 人均公共绿地面积（平方米/人）	0.0000	0.0003	0.5958	0.3422	0.0617	亚健康
C15 环境污染治理投资占 GDP 比例（%）	0.1065	0.6507	0.0884	0.0971	0.0573	不健康
C21 人均 GDP（万元）	0.0000	0.0000	0.0355	0.9024	0.0621	较健康
C22 单位 GDP 能耗（吨标煤/万元 GDP）	0.0089	0.0000	0.0003	0.0015	0.9894	很健康
C23 第三产业占 GDP 比重	0.0000	0.0000	0.0000	0.4311	0.5689	较健康
C24 万人拥有病床数（张）	0.0000	0.0000	0.0000	0.0002	0.9998	很健康
L11 城市居民参与态度（分）	0.0018	0.0016	0.4696	0.5247	0.0023	亚健康
L12 城市居民参与效果（分）	0.0036	0.0066	0.7007	0.2886	0.0005	亚健康
L21 地方经济利益保护（分）	0.0019	0.0018	0.4833	0.5109	0.0021	亚健康
L22 地方文化利益保护（分）	0.0007	0.0002	0.2158	0.7725	0.0108	较健康